于 漪 主编

"青青子衿"传统文化书系

生生不息

兰保民 编著

山西出版传媒集团
山西教育出版社

图书在版编目（CIP）数据

生生不息/兰保民编著. —太原：山西教育出版社，2016.5（2022.6重印）
（"青青子衿"传统文化书系/于漪主编）
ISBN 978-7-5440-8340-9

Ⅰ. ①生… Ⅱ. ①兰… Ⅲ. ①中华文化-通俗读物 Ⅳ. ①K203-49

中国版本图书馆 CIP 数据核字（2016）第 065506 号

生生不息
SHENGSHENGBUXI

责任编辑	白　宁
复　　审	刘晓露
终　　审	郭志强
装帧设计	薛　菲　孟庆媛
印装监制	蔡　洁

出版发行	山西出版传媒集团·山西教育出版社
	（太原市水西门街馒头巷 7 号　电话：0351-4729801　邮编：030002）
印　　装	北京一鑫印务有限责任公司
开　　本	889×1194　1/32
印　　张	8.25
字　　数	176 千字
版　　次	2016 年 5 月第 1 版　2022 年 6 月第 2 次印刷
印　　数	8 001—11 000 册
书　　号	ISBN 978-7-5440-8340-9
定　　价	48.00 元

如发现印装质量问题，影响阅读，请与印刷厂联系调换。电话：010-61424266

序言

文化是民族的血脉，是人的精神家园。

一颗没有精神家园的心灵，就会浮游飘荡，既不可能潜心思考自己生命的意义与价值，也不可能对他人有真挚的情感关切，更不可能对社会有发自肺腑的责任感。

中华传统文化源远流长，其中的优秀遗产积淀着中华民族最深层的精神追求，代表着中华民族独特的精神标志，为中华民族生生不息、发展壮大提供了丰厚滋养。它哺育了一代代中华优秀儿女，支撑他们成为中国的脊梁。

成长中的青少年认真汲取其中的精华和道德精髓，就会长智慧，明方向，增力量，懂得自己根在何处，魂在何方。经典活在时间的深处；价值追求，在文字海洋里奔腾。《"青青子衿"传统文化书系》助你发现其中蕴含的优秀文化基因，探寻当下时代的使命，让您有渴饮琼浆的快乐，醍醐灌顶的惊喜。

于漪 2015年岁末

小 序

一个民族，怎样才能卓立于世界民族之林，是一个十分值得思考的大问题。经济强大、人口众多、地大物博、军事实力雄厚等等，这些固然是众多答案中十分关键的选项，但是仅仅有这些要素，还是远远不够的。为什么呢？因为这些要素都有变数，远不足以作为民族卓立世界的根本。经济的发展必须受制于价值规律的影响，谁也不能确保长盛不衰；人口即便再多，如果"言必称希腊"，一心想着"外国的月亮永远比中国圆"，长此以往，到底是增长了自己的威风，还是助长了他人的气焰呢？地大物博固然是好事情，可如果没有足够的实力和底气，则这样的地大物博，要么成为取媚他人的资本，要么成为招引掠夺的祸端；前者只能让自己沦为匍匐在地的可怜虫，后者则让自己不幸成为被打倒在地的倒霉蛋，想要站起来都已经是奢望了,又怎么能够站得直、站得硬呢!至于雄厚的军事实力,确实挺让人来劲,对于"暴发户"来说,有了它就可以对别人吆五喝六、颐指气使了,好像全世界都是自己的,可这样的来劲,却只能让自己陷入孤独,让别人滋生仇恨,即便能够卓然而立,可那种整日寝食难安的日子,想来实在也难过得紧!

归根结底还是要有文化自信!

近几年来,英国前首相撒切尔夫人"中国成不了超级大国"的预言就像电脑病毒一样不断复制和传播。她说:"因为中国没有那种可以用来推进自己的权力,进而削弱我们西方国家的具有'传染性'的学说。今天中国出口的是电视机,而不是思想观念。"这里面的每个字每句话,虽然不乏无知和狂妄,却实实在在地戳痛了每一个中国人的心。我们当然无意"推进自己的权力",更无意"削弱西方国家"。西方国家之所以得出这样的结论,正是基于根植于其文化地质层深处的二元对立思维和"文明冲突论",当然也就无法理解我们民族那种"各美其美,美人之美,美美与共,天下大同"的文化气度。

但是反躬自省,为什么对一个有着悠久文明历史和源远流长的文化传统的民族,西方国家会作出这样近乎无知的判断?这是我们每一个中国人不能不深入思考的问题。长期以来,由于国力积贫积弱而备受欺凌,于是从"五四"以来,更远一点说,甚至从"洋务运动"发端,经历"文化大革命",直到现在,我们在政治、经济、文化、教育、科技、思想、学术等各个领域,对自己固有的文化家底几乎翻了个底朝天,而对西方文化,则饥不择食般地引进和吸收。这个过程虽然让我们实实在在地学到了一些东西,可同时也留下了可怕的"文化虚无主义"的后遗症，大大损伤了我们经过几千年蕴蓄起来的文化元气，使得不少中国人在西方强势话语面前，要么觉得底气不足，缺乏自信心，要么干脆数典忘祖，做了西方文化话语的奴才。

中华民族自有足资卓立世界的悠久灿烂的文化传统和价值思想在！

这悠久灿烂的文化传统和价值思想让我们在世界上卓立数千年而不倒，并必将成为照耀世界、造福全球的智慧光芒。1988年，全球75位诺贝尔奖获得者在巴黎发出联名倡议："如果人类要在21世纪生存下去，必须要回到2500年前，从中国孔子那里寻找智慧。"这种智慧，源于对"天道"的深刻体认，源于对"人道"的深刻体察，源于对"和"之境界的不懈追求，源于对"仁者爱人"的切实践履……这束智慧的光芒，引导中华民族穿越晦明莫测的历史隧道，从远古一直照耀到现在，由一代代龙的传人传薪续火，发扬光大，所以它生生不息，代代无穷，引领我们走向了当前光荣而又艰巨的伟大复兴之路。

正是出于上述认识，本丛书特意编撰了"生生不息"这一分册。目的就是让广大青少年充分认识中华民族的文化智慧，从而在西方强势文化入侵、多元文化并存的背景下，通过阅读优秀传统文化的读本，积累文化素养，夯实文化底气，提高文化判断力，从复杂的时代文化语境中，明确辨识自己的文化身份，增强文化自豪感和自信心，以期在中华文化传承、弘扬和创造的历史进程中，谱写出属于自己的篇章。

目 录

第一章　自然创生
◎ **文化典籍**　::001

　　一　盘古开天辟地　::001

　　二　共工怒触不周山　::004

　　三　女娲造人补天　::006

　　四　夸父逐日　::009

　　五　精卫填海　::010

　　六　刑天舞干戚　::013

　　七　羿射九日　::014

　　八　嫦娥奔月·吴刚伐桂　::018

九　鲧禹治水　::020

　　十　浑沌之死　::023

　　十一　牛郎织女　::025

　　十二　蚕马　::026

◎ **文化倾听** ::030

◎ **文化传递** ::032

◎ **文化感悟** ::035

第二章　人文创生

◎ **文化典籍** ::036

　　一　钻燧取火　::036

　　二　伏羲画卦　::038

　　三　文王演《易》　::040

　　四　禅让政治　::042

　　五　舜行孝悌之道　::045

　　六　孔子问礼　::048

　　七　三不朽　::051

　　八　天地人和　::053

　　九　忠恕之道　::056

　　十　活字印刷　::058

◎ **文化倾听** ::062

◎ **文化传递** ::064

◎ **文化感悟** ::067

第三章 文化继承

◎ **文化典籍** ::069

　　一 孔子学琴 ::069

　　二 曾子耘瓜 ::072

　　三 伏生藏书 ::075

　　四 察传 ::077

　　五 辕固正学直言 ::080

　　六 马钧重造指南车 ::084

　　七 郑玄求学 ::086

　　八 "画字"与"写字" ::089

　　九 戴震善问 ::092

　　十 李凤林兴学 ::094

◎ **文化倾听** ::097

◎ **文化传递** ::100

◎ **文化感悟** ::102

第四章 文化弘扬

◎ **文化典籍** ::103

　　一 孔子困于陈蔡 ::103

　　二 鲁人学柳下惠 ::108

三　炳烛而学　::110

　　四　宣文君授《周礼》　::111

　　五　范滂与苏轼　::114

　　六　横渠四句　::118

　　七　王阳明龙场悟道　::120

　　八　谈迁再写《国榷》　::124

　　九　顾炎武说天下　::127

　　十　飞行家冯如　::132

◎ **文化倾听**　::135

◎ **文化传递**　::138

◎ **文化感悟**　::140

第五章　舍我其谁

◎ **文化典籍**　::141

　　一　子畏于匡　::141

　　二　平治天下，舍我其谁　::143

　　三　小子何敢攘焉　::145

　　四　尊辱之辨　::146

　　五　陈蕃愿扫除天下　::148

　　六　李白　::150

　　七　韩愈谏迎佛骨　::154

　　八　吾道自足，何事旁求　::156

九　文天祥绝笔 :: 159

　　十　谭嗣同 :: 162

◎ **文化倾听** :: 166

◎ **文化传递** :: 168

◎ **文化感悟** :: 171

第六章　斯文不丧

◎ **文化典籍** :: 172

　　一　崔杼弑君 :: 172

　　二　子路问津 :: 177

　　三　天地不言 :: 180

　　四　天生德于予 :: 181

　　五　孟子不遇鲁侯 :: 183

　　六　天行有常 :: 186

　　七　王孙满对楚子 :: 188

　　八　司马迁著《史记》 :: 192

　　九　西铭 :: 196

　　十　李二曲称疾 :: 199

◎ **文化倾听** :: 202

◎ **文化传递** :: 204

◎ **文化感悟** :: 206

第七章　文化融合

◎ 文化典籍 ::207

　　一　儒道互补 ::207

　　二　赵武灵王胡服骑射 ::211

　　三　方内与方外 ::215

　　四　明犯强汉者，虽远必诛 ::220

　　五　汉家自有制度 ::223

　　六　法显求法 ::225

　　七　鸠摩罗什译经 ::230

　　八　刘勰与《文心雕龙》 ::234

　　九　新诗和到是明年 ::238

　　十　容闳之志 ::240

◎ 文化倾听 ::243

◎ 文化传递 ::245

◎ 文化感悟 ::247

第一章　自然创生

文化典籍

一 盘古开天辟地

【原文选读】

　　天地浑沌如鸡子。盘古生其中，万八千岁，天地开辟。阳清①为天，阴浊为地。盘古在其中，一日九变②，神于天，圣于地③。天日高一丈，地日厚一丈，盘古日长一丈，如此万八千岁。天数极高，地数极深，盘古极长，后乃有三皇④。

（唐·欧阳询等《艺文类聚》卷一引《三五历纪》）

　　元气蒙鸿⑤，萌芽兹始，遂分天地，肇⑥立乾坤，启阴感阳，分布元气，乃孕中和，是为人也。首生⑦盘古，垂死⑧化身。气成风云，声为雷霆，左眼为日，右眼为月，四肢五体⑨为四极五岳⑩，血液为江河，筋脉为地里⑪，肌肉为田土，发为星辰，皮肤为草木，齿骨为金石，精髓为珠玉，汗流为雨泽，身之诸虫，因风所感，化为黎氓⑫。

（清·马骕《绎史》卷一引《五运历年纪》）

注释：

①阳清：古人认为，阳气清轻而上升。后面的"阴浊"指阴气重浊而下沉。

②九变：指变化之多而迅疾。

③神于天，圣于地：指盘古的精神和智慧比天地还要高超。

④三皇：说法不一，一般认为三皇指天皇、地皇、人皇，包括燧人、伏羲、女娲、神农、祝融、共工、黄帝等。用现在的观点来看，他们标志着原始社会文明发展的阶段，如学会用火、渔猎、农耕等。

⑤蒙鸿：朦朦胧胧的样子。

⑥肇：开始，初始。

⑦首生：指盘古是天地开辟时第一个诞生的生命。

⑧垂死：临近死亡。垂，临近，将近。

⑨四肢五体：四肢即两手两脚，加上躯干，叫作五体。

⑩四极五岳：大地四方的边际和五大名山。极，边际。岳，高山。五岳，指东西南北中五方高山，其中泰山为东岳，华山为西岳，衡山为南岳，恒山为北岳，嵩山为中岳。

⑪地里：大地的纹理，指河川道路等。里，通"理"。

⑫黎氓（méng）：黎民百姓。

【文意疏通】

世界开辟以前，天和地混沌一团，像个鸡蛋一样，盘古就生在这当中。过了一万八千年，天地分开了，轻而清的阳气上升为天，重而浊的阴气下沉为地。盘古在天地中间，一天中有多次的变化，他的智慧比天还要高超，他的能力比地还要强大。天每日升高一丈，地每日增厚一丈，盘古也每日长大一丈。这样又过了一万八千年，天升得非常高，地沉得非常深，盘古也长得非常高大，天地开辟以后，才出现了世间的三皇。

朦朦胧胧、无边无际的一团大气，在不断运动之中，一切都从这里萌芽滋生，天地也从这里开始分别，阴阳之气不断地运动、分布、变化。当天地之间孕育的阴阳之气达到协调中和时，就诞育了人的生命。开天辟地时诞生的盘古，临死的时候，将自己的整个身躯化成了世间的万事万物。他呼出的气变成了清风和云朵，发出的声音变成了轰鸣的雷霆，左眼变成了太阳，右眼变成了月亮，四脚五体变成了大地的四极和五岳名山——东岳泰山，西岳华山，南岳衡山，北岳恒山，中岳嵩山，血液化成了滔滔的江河，筋脉变成了山川道路，皮肤肌肉化作了肥田沃土，头发和胡须变成了天上的星星，皮肤上的汗毛变成了草木，牙齿和骨头变成了金属和岩石，精液和骨髓变成了珍珠美玉，流下的汗水变成了润泽万物的甘露，就连寄生在身上的各种小虫，受了暖风的吹拂，也变成了生活在大地上的黎民百姓。

【义理揭示】

在开天辟地这一神话故事中，人们借助盘古这一神话人物，表达了中华文化的宇宙观和创造观。天、地、人是和谐统一的，而不是两极对立的。人类的诞育，不是上帝等超自然力量的杰作，而是天地造化的自然产物，是与天地的演化同步进行的。这就是中国的"创世纪"神话，天地人三才合一，和谐流转，一而二，二而三，由此滋生万物，化成天下。

神话中盘古的形象,昭示了人在天地宇宙间的责任和价值。人是秉天地之精华、和阴阳之元气而孕育诞生的,应当为天地之大美而不断地创造,无私地奉献。盘古死后化身的描述,既让我们体悟到大自然的山川、日月、云霞等与人类生命息息相关、密不可分的内在联系,又让我们感到了一份为世界增美、为自然添彩、为文明进步而无私奉献的沉甸甸的使命与责任。

二 共工怒触不周山

【原文选读】

当其(女娲)末年也,诸侯①有共工氏②,任智刑以强③,霸而不王④。以水乘木⑤,乃与祝融战,不胜而怒,乃头触不周山崩,天柱折,地维缺⑥。

(司马贞《史记·补三皇本纪》)

天倾西北⑦,故日月星辰移焉⑧;地不满⑨东南,故水潦尘埃⑩归⑪焉。

(《淮南子·天文训》)

注释:

①诸侯:上古各部落首领或列国君主都叫诸侯。

②共工氏:据研究,共工部落重视水利,因此在古代神话中被奉为水神,掌控洪水。

③任智刑以强:用巧诈和杀戮而强大起来。任,用。智,智慧,这里指巧

诈。刑，这里兼指刑法和杀戮。

④霸而不王：用霸道而不是用王道争夺天下。这里的"霸"和"王"都是动词。

⑤以水乘木：古时以金、木、水、火、土五行生克、五德终始为帝王嬗代的征应。共工自以为他的水德可以继承女娲的木德而称王。乘，继承。

⑥地维缺：大地的一角被碰缺了。维，角落。

⑦天倾西北：天空向西北倾斜。

⑧焉：兼词，相当于"于之"。

⑨不满：塌陷。满，够。

⑩水潦尘埃：流水、积水和泥沙。潦，积水。尘埃，这里指泥沙。

⑪归：汇集。

【文意疏通】

在女娲统治天下的后期，有一个部落的首领叫作共工，他行事惯用巧诈和杀戮，势力竟然逐渐强大起来。他用来争夺天下的是霸道而不是王道，却自认为他的水德可以继承女娲的木德而称王，于是先向另一个代表火德的部落首领祝融发起挑战，企图打败祝融后再来对付女娲，没想到反而被祝融打败了。他恼羞成怒，就一头撞向作为天柱之一的不周山。结果天柱被他碰断了，大地的一角也被他碰了个缺口。

于是天空向西北方倾斜，从此以后，日月星辰每天便都从东边升起，向西边降落；东南方的大地受了震动，塌陷成为海洋，大江大河的水从此便都向东方奔流，汇入东边的大海。

【义理揭示】

古代先民看到日月星辰东起西落，江河水流东流归海的自然现象，但囿于知识的局限，不能给出科学的答案，只能借助于想象，来满足对大自然的好奇心。

在上古神话系统和后世解说中，共工往往被划归恶势力阵营。在崇尚王道德化的传统历史话语系统中，作出这样的界定不足为怪。但是，如果超越传统思想，暂且不作简单的善恶判断的话，那么共工身上的那种敢于挑战旧秩序的勇气，那种失败后哪怕以命相搏也不愿屈服的倔强刚毅的品质，又实在是动人心魄、惊世骇俗的。

从表面上看，共工确实失败了，但是深层次地思考，我们却发现，他以生命相搏的暴烈举动，毕竟让世界的旧秩序发生了巨大变化，日月星辰，水潦尘埃，不是按照他拼命的结果在运行吗？当然，新秩序建立过程中的灾难和苦痛是要由百姓来承担的。这又启示人们，做任何事情都要有善的指引；为达到目的而不择手段，往往害人害己，后患无穷。

三 女娲造人补天

【原文选读】

俗说天地开辟，未有人民，女娲①抟②黄土做人。剧务③，力不暇供，乃引④绳于泥中，举以为人。故富贵者，黄土人也；贫贱者，絙⑤也。

（宋·李昉等《太平御览》卷七十八引《风俗通义》）

往古之时，四极废⑥，九州⑦裂，天不兼复⑧，地不周⑨载。火爁炎⑩而不灭，水浩洋而不息。猛兽食颛民⑪，鸷鸟⑫攫⑬老弱。于

第一章 自然创生

是女娲炼五色石以补苍天,鳌⑭足以立四极,杀黑龙以济⑮冀州⑯,积芦灰以止淫水⑰。苍天补,四极正,淫水涸,冀州平,狡虫⑱死,颛民生。

(《淮南子·览冥训》)

注释:

①女娲:女神名,传说是人面蛇身,她是我国古代化育万物的创世神。

②抟(tuán):把东西揉弄成球形。

③剧务:任务艰巨,工作繁重。剧,厉害,猛烈。

④引:牵,拉。

⑤絙(gēng):粗绳子。

⑥四极废:四极,指古代神话传说中四方的擎天柱。极,边,端;废,毁坏,此指折断。

⑦九州:传说古代中国划分的九个地区。根据《尚书·禹贡》记载,分别是徐州、冀州、兖州、青州、扬州、荆州、梁州、雍州和豫州。

⑧复:通"覆",覆盖。

⑨周:普遍,全面。

⑩爁(làn)炎(yàn):大火绵延燃烧的样子。

⑪颛(zhuān)民:纯朴善良的百姓。颛,纯朴善良。

⑫鸷(zhì)鸟:鹰、雕等猛禽。鸷,凶猛。

⑬攫:抓取。

⑭鳌(áo):大龟。

⑮济:拯救。

⑯冀州:古九州之一,包括现在河北省、山西省、河南省黄河以北和辽宁省辽河以西的地区,也泛指中原地区。

⑰淫水:四处泛滥的洪水。

⑱狡虫:凶猛的禽兽。狡,凶暴。

【文意疏通】

民间传说，天地开辟之初，大地上并没有人类，是女娲把黄土捏成团创造了人。她干得又忙又累，竭尽全力干还是不够。于是她就拿绳子投入泥浆中，举起绳子一甩，泥浆洒落在地上，就变成了一个个人。后人说，富贵的人是女娲亲手抟黄土造的，而贫贱的人只是女娲用绳沾泥浆，把泥浆洒落在地上变成的。

远古之时，支撑天地四方的四根柱子坍塌了，大地开裂；天空损毁了，不能尽覆万物，大地塌陷了，不能遍载万物。火势蔓延而不能熄灭，水势浩大而不能停止。凶猛的野兽吃掉善良的百姓，凶恶的禽鸟用爪子抓取老人和小孩。在这种情况下，女娲冶炼五色石来修补苍天，砍断海中巨龟的脚来做撑起四方的柱子，杀死黑龙来拯救冀州，用芦灰堆积起来堵塞住了泛滥的洪水。天空被修补完整了，天地四方的柱子重新竖立了起来，洪水退去，中原大地上恢复了平静；凶猛的鸟兽都死了，善良的百姓存活下来。

【义理揭示】

女娲是中国历史神话传说中的一位女神。她是中华民族伟大的母亲，她慈祥地创造了我们，又以无畏的大爱庇佑着我们免受天灾。女娲身上，凝聚的是中华民族的大爱精神。她的永不枯竭的创造力和不辞劳苦、不知疲倦的创造精神，源于对生命的大爱；在危难关头，她挺身而出，炼石补天，斗凶顽，治洪水，安颛民，这种慈爱情怀和无所畏惧的精神力量，同样源于这种大爱。

四 夸父逐日

【原文选读】

大荒①之中,有山名曰成都载天。有人珥②两黄蛇,把③两黄蛇,名曰夸父。后土④生信,信生夸父。夸父不量力,欲追日景⑤,逮之于禺谷⑥。将饮河而不足也,将走大泽⑦,未至,死于此。

(《山海经·大荒北经》)

夸父与日逐走⑧,入日⑨。渴,欲得饮,饮于河渭⑩。河渭不足,北饮大泽。未至,道渴而死⑪。弃其杖,化为邓林⑫。

(《山海经·海外北经》)

注释:

①大荒:边远荒凉的地方。

②珥(ěr):用饰物贯穿耳朵。

③把:握。

④后土:幽冥世界的统治者。

⑤日景:太阳的光影。景,通"影"。

⑥禺谷:即"虞渊",地名,传说是太阳沉落的地方。

⑦大泽:大湖,传说在雁门山北,纵横千里。

⑧逐走:赛跑。逐,竞争。走,跑。

⑨入日:追赶到太阳落下的地方。

⑩河渭:黄河和渭水。

⑪道渴而死:半路上因口渴而死去。

⑫邓林:桃林,古代"邓""桃"音相近。

【文意疏通】

在北方极为边远荒凉的地方，有座山名叫成都载天山。山上有个人，耳朵上挂着两条黄蛇，手中握着两条黄蛇，名叫夸父。幽冥世界的统治者后土生了信，信生了夸父。夸父不自量力，想要追逐太阳光，将它在禺谷那个地方捉住。他追到半路，力倦神疲，口渴难耐，想去喝黄河里的水，可黄河水不够他喝，又想跑到北方去喝大泽里的水，还没赶到那里，就渴死在路上了。

夸父与太阳竞跑，一直追赶到太阳落下的地方；他感到口渴，想要喝水，就到黄河、渭河喝水。黄河、渭河的水不够喝，又去北方的大泽湖喝水。还没赶到大泽湖，就渴死在半路了。他遗弃的手杖，化成了桃林。

【义理揭示】

与太阳赛跑，看似荒诞，其实包含着崇高而又深刻的思想内容。追赶西行的太阳，无疑是在与时间争雄，表现出一种争分夺秒、时不我待的紧迫感；这种勇于挑战神力的行动，其本身又包含着令人肃然起敬的悲剧因素，也闪耀着理想的光辉，表现出百折不回的坚韧精神和不屈的斗志。夸父的形象，承载的就是这样一种勇敢追求、死而不已的进取精神。

五 精卫填海

【原文选读】

又北①二百里，曰发鸠之山②，其上多柘木③。有鸟焉，其状如乌④，文首⑤，白喙⑥，赤足，名曰"精卫"，其鸣自詨⑦。是⑧炎帝之少女⑨，名曰女娃。女娃游于东海，溺而不返，故为精卫，常衔西山之木石，以堙⑩于东海。漳水出焉⑪，东流注于河。

（《山海经·北山经》）

昔炎帝女溺死东海中，化为精卫。偶海燕⑫而生子，生雌状如精卫，生雄如海燕。今东海精卫誓水处⑬——曾溺于此川，誓不饮其水。一名"鸟誓"，一名"冤禽"，又名"志鸟"，俗呼"帝女雀"。

（《述异记》卷上）

注释：

①北：向北。
②发鸠之山：发鸠山，古代传说中的山名。
③柘（zhè）木：柘树，桑树的一种。
④乌：乌鸦。
⑤文首：头上有花纹。文，通"纹"，花纹。
⑥喙（huì）：特指鸟兽的嘴。
⑦自詨（xiào）：呼唤自己的名字。詨，呼唤，大叫。
⑧是：这。
⑨少女：小女儿。
⑩堙（yīn）：填塞。
⑪焉：兼词，相当于"于此"，从这里。
⑫偶海燕：和海燕结成配偶。偶，这里用作动词。
⑬誓水处：据后文两句解释，是"发誓不饮此处之水的地方"。

【文意疏通】

再向北走二百里，有座山叫发鸠山，山上长了很多柘树。树林里有一种鸟，它的形状像乌鸦，头上羽毛有花纹，白色的嘴，红色的脚，名叫精卫，它的叫声像在呼唤自己的名字。这其实是炎帝的小女儿，名叫女娃。有一次，女娃去东海游玩，溺水身亡，再也没有回来，所以她的精魂就化作精卫鸟，经常叼着西山上的树枝或石块，用来填塞东海。漳河就发源于发鸠山，向东流去，注入黄河。

从前，炎帝的女儿在东海里淹死，变成精卫鸟，和海燕结成配偶，生下的小鸟，雌鸟样子像精卫，雄鸟样子像海燕。如今东海尚有精卫誓水的地方——因为曾经淹死在这片水里，所以发誓不喝此地的水。这种鸟因曾誓水，又叫"誓鸟"。又因为冤恨未伸，所以也叫"冤禽"。它立志填海，又称"志鸟"。因为它的前身是炎帝之女，所以俗称"帝女雀"。

【义理揭示】

一只小小的精卫鸟，与风险浪恶、浩瀚无边的大海相比，差距何其之大也！凭它弱小的力量，要想填平东海，注定是不可能完成的。但是，小精卫却并不知难而退，而是日复一日、年复一年地在西山和东海之间执意做一件事：填海。

精卫是一种鸟，在中华文化传统中，这些自然界的生命是人的精神的化身，与人的主体精神密切相关。精卫那种不畏艰险、敢于挑战强大无比的恶势力的抗争勇气和矢志不渝、坚韧执着的不屈信念，成为激励世人的精神力量。

精卫是高贵的，她的高贵，主要不在于她帝王之女的高贵出身，而主要在于她无论何时都不肯屈服的高贵精神和志气。

六 形天舞干戚

【原文选读】

　　形天①与帝至此争神，帝断其首，葬之常羊之山，乃以乳为目，以脐为口，操干戚②以舞。

（《山海经·海外西经》）

注释：

①形天：即刑天。
②干戚：干，盾牌；戚，古代一种斧型兵器。

【文意疏通】

　　形天是上古传说炎黄二帝中炎帝的近臣。炎帝与黄帝作战失败，但刑天却不甘心，他一人手执利斧和盾牌与黄帝继续作战，结果被黄帝斩下了头颅，埋在常羊山里。即便身首异处，刑天依然再次昂然站起，用胸前的两乳当作眼睛，用肚脐当作嘴巴，一手握盾，一手持斧，继续猛劈狠砍，战斗不止。

【义理揭示】

　　刑天的"争"、黄帝的"葬"，以及刑天被断首之后的"舞"，蕴含着丰富的精神元素，值得后世人细细品读。

　　作为炎帝的近臣，刑天之"争"，不是为一己私利而争，也不是仅凭意气用事而争，而是为了部落和族群的尊严。所以，"争"的行为背后，是一腔忠义，是不肯屈服的勇气。

黄帝作为古代传说中的圣帝，为了部族的统一，在作战中虽然不得不断刑天之首，却并没有让其曝尸荒野，而是将其"葬之常羊之山"，可见其惺惺相惜之情和敬佩尊重之意。

　　当然最令人感到震撼的还是刑天被断首后"以乳为目，以脐为口，操干戚以舞"的壮举。这种不屈不挠、死而不已、绝不认输的顽强战斗精神，以此种超现实的形式呈现出来，充满了浓郁的浪漫与悲壮的英雄主义色彩。他虽然失败了，却是"失败了的英雄"。他被砍掉的是头颅，永远砍不掉的是意志；他倒下的是身躯，永远不肯倒下的是尊严。陶渊明的《读〈山海经〉（其十）》一诗之所以对其称颂不已，正是源于对这种永不妥协的复仇壮举和反抗精神的深深感动。

　　刑天的传说，记录了中华民族的英雄情结。他以及在他精神激励下涌现出的一代代英雄人物，深刻地说明了中华民族是产生英雄，同样也是崇拜英雄、尊重英雄（哪怕是失败的英雄）的民族。

七　羿射九日

【原文选读】

　　东海之外，甘水之间，有羲和之国。有女子名曰羲和，方①浴日于甘渊。羲和者，帝俊②之妻，是生十日。

（《山海经·大荒南经》）

　　汤谷③上有扶桑④，十日所浴，在黑齿北。居水中，有大木，九日居下枝，一日居上枝。一日方至，一日方出，皆载于乌⑤。

（《山海经·海外东经》）

帝俊赐羿彤弓素矰⑥，以扶下国，羿是始去恤下地之百艰⑦。

(《山海经·海内经》)

逮⑧至尧之时，十日并出，焦禾稼，杀草木，而民无所食。猰貐、凿齿、九婴、大风、封豨、修蛇⑨皆为民害。尧乃使羿诛凿齿于畴华⑩之野，杀九婴于凶水⑪之上，缴⑫大风于青丘⑬之泽，上射十日而下杀猰貐，断修蛇于洞庭，擒封豨于桑林⑭。万民皆喜，置⑮尧以为天子。于是天下广狭、险易、远近，始有道里⑯。

(《淮南子·本经训》)

羿除天下之害，死而为宗布⑰，今人室中所祀宗布也。有功于天下，故死托祀于宗布。

(《淮南子·泛论篇》及高诱注)

注释：

①方：正在。

②帝俊：比较公认的说法即帝喾，黄帝的曾孙，春秋战国后被列为"三皇五帝"中的第三位帝王。

③汤（yáng）谷：即旸谷，地名。因为谷中之水为十日所浴，滚烫如汤而得名。

④扶桑：神木名，两干同根，互相扶持，故名扶桑。

⑤皆载于乌：太阳负载在三足乌的身上在天空中运行。传说太阳中有踆乌，即三足乌，是太阳精魂的化身。

⑥彤弓素矰（zēng）：彤，红色。素，白色。矰，古代用来射鸟的拴着丝绳的短箭。

⑦恤下地之百艰：恤，体恤，救济。下地，人世间。百艰，各种艰难，指十日之患及凶兽猛禽毒虫之害。

⑧逮：到，及。

⑨狻貐、凿齿、九婴、大风、封豨、修蛇：都是古代传说中的怪兽。狻貐（yà yǔ），一种跑得快、吃人、叫声如婴儿啼哭的丑恶可怕的怪兽。凿齿，一种牙齿长五六尺且状如凿子露出口外的半人半兽的怪物。九婴，有九个头的怪兽，能喷水也能吐火。大风，一种大猛禽，飞动时伴有能毁坏建筑的狂风。封豨（fēng xī），亦作"封豨"，即封豕，大野猪。修蛇，一种能吞食大象的长蛇。

⑩畴华：传说中南方的一个大泽。

⑪凶水：水名，传说在北方。

⑫缴（zhuó）：系在箭上的丝绳。这里作动词，用箭去射。

⑬青丘：传说中位于东方的大泽。

⑭桑林：地名，在中原地区。

⑮置：安排，设置，这里引申为推举。

⑯始有道里：开始有了道路里程互通往来。

⑰宗布：传说中被除灾害之神。

【文意疏通】

在东海的外面，甘水流经的地区，有个羲和国。有个女子叫羲和，正在甘渊中给太阳洗澡。羲和是帝俊的妻子，她生了十个太阳。

旸谷上面有棵扶桑树，是十个太阳洗澡的地方，就在黑齿国的北边。在浩瀚的海水中间有一棵高大的树木，十个太阳中有九个在树的下枝休息，还有一个停在树的上枝。一个太阳刚刚回到旸谷，另一个太阳才从扶桑树上升起来，它们都负载在三足乌的身上。

帝俊赏赐给羿红色的弓和带白色丝绳的短箭，让羿去扶助下属各地，羿从此就开始去救济人世间的各种困苦。

到了尧统治的时候，十个太阳仗着帝俊之子的身份，日益骄纵任性，不肯遵守轮流值班的规定，经常一齐出现在天空中，胡闹作乱。灼热的阳光把庄稼都晒焦了，把花草树木都干死了，老百姓连吃的东西都没有。猰貐兽、凿齿兽、九头兽、大风鸟、大野猪、长蛇等禽兽毒虫泛滥成灾，祸害人民。尧便指派羿去为民除害，到南方畴华泽一带的荒野杀死凿齿兽，在凶水边上杀灭九头兽，在东方的青丘大泽用系着丝绳的箭射杀了大风鸟。把十个灼烧大地的太阳射下九个来，留下一个太阳为百姓提供光热，长育万物。接着又杀死猰貐兽，到洞庭湖斩断了长蛇，在中原一带的桑林擒获了大野猪。羿把这些灾害一一清除了，老百姓得以安居乐业，非常开心，就拥戴尧做了天子。于是百姓的生活逐渐步入正轨，天下各地不论地域广狭、地势险易、路程远近，开始有了道路里程而互通往来。

因为羿为天下百姓除害，所以死后被人们尊奉为能被除灾害的神，这就是现在人们家里供奉的宗布神。他活着的时候为天下人立下了功勋，因此死后就作为宗布神受到人们的供奉。

【义理揭示】

羿射九日的故事与十日并出的故事密切相关。其中饱含着人们对于天上为什么只有一个太阳的浪漫想象。这个关于自然天体的神话，寄托了人们对于美好生活的热切期盼，也表达了对造福于民的英雄的拥戴之情。

羿之所以成为人们爱戴的英雄，主要就在于当十日并出、生民倒悬的危难关头，他能够不畏权贵，挺身而出，凭着勇敢的精神和神妙的射技，仰天控弦，射落了九个为非作歹的太阳，替百姓解除了严重的旱灾威胁。不仅如此，他还充分施展自己的才能，奔波于东西南北，四处诛妖擒怪，为民除害，使百姓安居乐业。这种不计个人得失、不畏强暴、不惧权贵，矢志为生民立命，以天下太平为己任的担当精神和救世情怀，使他的故事代代传诵，广为流播，并被人们尊奉为神灵。

八 嫦娥奔月·吴刚伐桂

【原文选读】

羿请不死之药于西王母，姮娥①窃以奔月，怅然有丧，无以续之②。

(《淮南子·览冥训》)

嫦娥，羿妻也，窃西王母不死药服之，奔月。将往，枚占于有黄③，有黄占之，曰："吉。翩翩归妹④，独将西行，逢天晦芒⑤，毋惊毋恐，后且大昌⑥。"嫦娥遂托身于月，是为蟾蜍。

(《上古三代秦汉三国六朝文》卷五十五)

旧言月中有桂，有蟾蜍。故异书言：月桂高五百丈，下有一人，常斫之，树创⑦随和。人姓吴，名刚，西河人，学仙有过，谪令伐树。

(唐·段成式《酉阳杂俎·天咫》)

注释：

①姮娥："嫦娥"，原作"恒娥"，因避汉文帝刘恒的讳，改"恒"为"姮"，或作"常""嫦"。

②怅然有丧，无以续之：怅然如有所失，因为没有办法再去求得不死之药了。丧，丢失，丧失。续，补充，添加。

③枚占于有黄：去找有黄用算筹卜卦。枚占，用算筹占卜；枚，算筹。有黄，巫师或史官之名，生平不详。

④归妹：卦名，这里又指将有所归往而前来占卜的嫦娥。

⑤晦芒：隐去光芒，一片黑暗，指月尽之时。晦，掩蔽，隐藏。芒，光芒。一说"晦芒"指月末天空一片黑暗。晦，阴历每月最后一天。芒，通"茫"，昏暗，迷蒙。两说义同。

⑥大昌：十分光明。昌，光明。

⑦创（chuāng）：砍伤。

【文意疏通】

羿向西王母求来了长生不老药，嫦娥偷偷把药全服下去了，于是飘然成仙，向月宫飞奔而去。羿没有了药，心中感到非常失意，因为再也没有办法弄到这种长生不老药了。

嫦娥本来是羿的妻子，偷偷服用了西王母赐给羿的不死药后，向月亮奔去。将要奔月之前，她去找有黄用算筹卜了一卦，有黄算完卦后对她说："卦上说是'吉'，你卜到的是'归妹卦'，预示你将翩翩飞去，独自向西就是你的归宿。如果恰逢月底，天空一片黑暗，你也不必惊慌，也不要害怕，等到黑暗过去后就一片光明了。"嫦娥于是就停在月亮上，这就是传说中月宫里的蟾蜍。

很早以前传说月亮上有棵桂树，还有蟾蜍。因此有一本记录奇闻的书上说：月亮上有棵桂树高达五百丈，树下有个人不停地砍伐桂树，可是那棵桂树被砍伤后马上就愈合了，砍树的人叫作吴刚，是西河人，在学仙道的时候犯了过错，被罚去砍伐桂树。

【义理揭示】

嫦娥奔月和吴刚伐桂的故事,源于古人对于月亮这一自然天体的浪漫想象。

与神话传说中的主人公大多受到人们极力褒赞不同,历来人们对嫦娥的感情态度十分复杂,其中又以谴责为主。这从另一侧面揭示了中华传统文化所秉持的一种家庭伦理价值观,那就是夫妇之间应互相敬爱,彼此忠诚,长相厮守,白头偕老。否则,即便奔月成仙,得到的也只能是寂寞孤单。

吴刚伐桂的故事,无论情节的丰富性还是思想的深刻度,都不逊色于希腊神话里西绪弗斯的故事。那种在寂寞中的坚持,在绝望中的等待,在清冷中的自我温暖,伴着桂树的清香、叮咚的伐木声,和举斧落斧、举步移步的身姿,与西绪弗斯将巨石艰难地推向高高山顶相比,更多了一份东方文化所独有的浪漫气质和诗性特征。

九 鲧禹治水

【原文选读】

当尧之时,天下犹未平,洪水横流,泛滥于天下。草木畅茂,禽兽繁殖,五谷不登①,禽兽偪②人,兽蹄鸟迹之道交于中国。

(《孟子·滕文公上》)

洪水滔天。鲧③窃帝④之息壤⑤以堙⑥洪水,不待帝命。帝令祝融⑦杀鲧于羽郊⑧。鲧复⑨生禹,帝乃命禹卒布⑩土以定九州⑪。

(《山海经·海内经》)

第一章　自然创生

禹娶涂山氏女，不以私害公，自辛至甲四日⑫，复往治水。

（《楚辞·天问》洪兴祖补注引《吕氏春秋》）

禹治洪水，通**轘**辕山⑬，化为熊。谓涂山氏曰："欲饷⑭，闻鼓声乃来。"禹跳石⑮，误中鼓，涂山氏往，见禹方坐⑯熊，惭而去。至嵩高山⑰下，化为石，方生启⑱。禹曰："归我子！"石破北方而启生。

（《汉书·武帝纪》颜师古注引《淮南子》）

注释：

①登：谷物成熟。

②偪：通"逼"。

③鲧（gǔn）：人名，禹的父亲。

④帝：指天帝。

⑤息壤：一种神土，传说这种土能够不断生长，至于无穷，所以能堵塞洪水，故名。息，生长。

⑥堙（yīn）：堵塞。

⑦祝融：火神的名字。

⑧羽郊：羽山的近郊。

⑨复：通"腹"。传说鲧死三年，尸体不腐，鲧腹三年后自动裂开，禹乃降生。

⑩布：通"敷"，铺陈，即陈设，布置。

⑪九州：古代分中国为九个州，这里泛指全国的土地。西汉以前认为禹治水后划定九州。

⑫自辛至甲四日：古人用天干纪日，甲乙丙丁戊己庚辛壬癸，十个天干依次代序，周而复始，自辛至甲依次为辛、壬、癸、甲，共有四日。

⑬轘（huán）辕山：位于今河南巩义、登封、偃师交界一带，其势陡峻，山道盘旋，古为东都洛阳通往东南的关隘要道。

⑭饷：送饭食给人叫饷。

⑮跳石：踩到石头上。

⑯坐：通"作"。

⑰嵩高山：即今嵩山，在今河南登封市北部。

⑱启：禹的儿子，夏朝的第二任君主。

【文意疏通】

在尧统治天下的时候，天下还没有平定。洪水到处流淌，泛滥成灾，野草杂树疯狂生长，禽兽大量繁殖，五谷都不成熟，猛禽野兽威胁着人们的安全，鸟兽所走的道路，遍布在中原地带。

大水漫上天际，鲧盗取了天帝的息壤来堵塞洪水，违抗了天帝的命令。天帝让祝融在羽山近郊杀死鲧。鲧的部落里分出了禹氏族，天帝就命令禹率部下铺填土壤平治洪水来安定九州。

大禹娶了涂山氏的女子以后，没有因为家事耽误公事，在家只住了四天，又前去治水了。

大禹治理洪水，开通辕辕山十分困难。他就化作一头巨大的黑熊，拼尽气力专注地开凿。大禹对涂山氏说："你要给我送饭的话，听到山上有鼓声响起才能来送。"一天，大禹开山时不小心踩塌了一块大石头，那块大石头滚下山去，不巧把鼓撞响了。涂山氏听到鼓声，就前往送饭，却发现原来自己的丈夫竟然是一头面目狰狞的大熊，于是便慌乱又惊恐地奔逃而去。涂山氏跑到了嵩山之下，终于力竭而止，化成了一块大石。涂山氏这时正怀着后来的夏启，大禹说："还我儿子。"大石块的北侧面应声开启，一个男婴就此降临人世。由于他由启石而生，大禹就给他取名"启"。

【义理揭示】

大禹治水在中华文明发展史上起重要作用。在治水过程中,大禹艰苦奋斗、因势利导、科学治水、以人为本,克服重重困难,终于取得了成功。禹化为熊的情节,反映了治理洪水的艰难困苦,也表现了古代劳动人民为克服困难而奋不顾身的献身精神,形象地表现了以公而忘私、忘我奋战、科学创新等为内涵的大禹治水精神。

故事中鲧的形象不仅令人感动,而且撼人心魄。为治洪水,他不顾天条,冒着生命危险窃来息壤,以致惹怒天帝,被处死在荒郊。他虽然没有完成治水的使命,却堪称一位失败的英雄。与古希腊神话中盗火的普罗米修斯相比,鲧的形象更加丰满而令人感动。普罗米修斯被锁上高加索山后,便只是一个受难者;而鲧在受难后却孕育着新生命,化生出新力量,这是他治理洪水的精魂不散,这是他为民造福的壮心未已。

"鲧腹生禹"的情节,表现了一种壮志未酬、死而不已、前仆后继、不屈不挠的伟大精神,寄托了先民们对那些世世代代为民造福者的由衷赞美之情。

十 浑沌之死

【原文选读】

南海之帝为儵①,北海之帝为忽②,中央之帝为浑沌③。儵与忽时相与遇于浑沌之地,浑沌待之甚善。儵与忽谋报浑沌之德,曰:"人皆有七窍④以视听食息⑤,此独无有,尝试凿之。"日凿一窍,七日而浑沌死。

(《庄子·应帝王》)

注释：

①倏：急速，迅疾。

②忽：迅速，突然。庄子让南海和北海之帝以"倏"与"忽"为名，暗喻一种奋发有为的状态。

③浑沌（hùn dùn）：寓言中的中央之帝无耳目鼻口，天然未开，故名。庄子以此比喻一种自然淳朴的状态。

④七窍：指人头上的七个孔，即两眼、两耳、两鼻孔和口。窍，窟窿，孔洞。

⑤息：喘气，呼吸。

【文意疏通】

传说南海的帝王叫作倏，北海的帝王叫作忽，中央的帝王叫作"浑沌"。倏和忽常常一起到浑沌所在的地方聚会，浑沌待他们非常好。倏与忽寻思着报答浑沌的恩德，他们一起商量："人头上都有眼耳口鼻七个洞孔，用来看世界，听声音，吃食物，呼吸空气，唯独浑沌没有这样的七窍，我们试着给他凿出七窍来吧。"于是倏和忽每天替浑沌在头上凿开一个洞孔，到了第七天，七个洞孔全都凿开了，浑沌却死了。

【义理揭示】

庄子是道家思想的代表人物，他用这个寓言，倡导一种清静无为、抱朴守真的生命态度，同时也启示人们：对待自然，应该遵循规律，尊重对象，不能盲目蛮干，否则就有可能好心做坏事，甚至受到惩罚。

十一 牛郎织女

【原文选读】

天河①之东有织女,天帝②之子也,年年机杼③劳役,织成云锦天衣,容貌不暇整④。帝怜其独处,许嫁河西牵牛郎。嫁后遂废织纴⑤。天帝怒,责令归河东,许一年一度相会。

(明·冯应京《月令广义·七月令》引《小说》)

涉秋⑥七日,鹊首无故皆髡⑦。相传是日河鼓⑧与织女会于汉东⑨,役乌鹊为梁⑩以渡,故毛皆脱去。

(宋·罗愿《尔雅翼》卷十三)

注释:

①天河:即银河。

②天帝:在上古传说中,天帝指帝俊或"三皇五帝"中的五帝之一。东汉以后,随着道教的兴起,逐渐演变为道教中崇拜的最高神灵——玉皇大帝。

③机杼(zhù):指织布机。杼,织布时用的梭子。

④整:整理,装饰。

⑤织纴(rèn):纺织。纴,织布帛的纱缕。

⑥涉秋:入秋。涉,进入。

⑦髡(kūn):本指古代一种剃去头发的刑罚,这里引申为光秃。

⑧河鼓:星名,属牛宿,在牵牛星之北;一说即牵牛星。

⑨汉东:银河东岸。汉,银汉,银河。

⑩梁:桥。

【文意疏通】

银河的东边住着织女,她是天帝的女儿。她年年在织布机上辛苦劳作,织出锦缎就是天上的五彩云霞,自己都没有空闲时间梳妆打扮。天帝怜惜她整日孤孤单单,忙忙碌碌,准许她嫁给银河西边的牵牛郎,没想到织女出嫁后把纺织锦缎铺展云霞的工作荒废了。天帝大怒,责令她回到银河东边,只许他们一年相会一次。

每年入秋的第七天,人们会看见喜鹊头顶上的羽毛无缘无故地光秃了。相传这天牛郎要和织女在银河东岸相会,便差遣喜鹊架起桥梁,以便从它们头顶上渡过银河,所以喜鹊头上的羽毛都被踩秃了。

【义理揭示】

牛郎织女的故事,早在《诗经》中就有记载。其实对于天文的观察和思考,在中国传统文化中历史十分悠久,成就非常巨大。牛郎织女的故事,让我们获得对古人天象观察推演的科学缜密的认识之外,又感受到了一种丰富的想象和浪漫的情怀。

从这个故事中,可以体会到在牛郎和织女的身上,寄托了古人对幸福美好的爱情生活热切的期盼。

十二 蚕马

【原文选读】

欧丝之野在反踵东,一女子跪据树欧丝①。三桑无枝,在欧丝东,其木长百仞,无枝。

(《山海经·海外北经》)

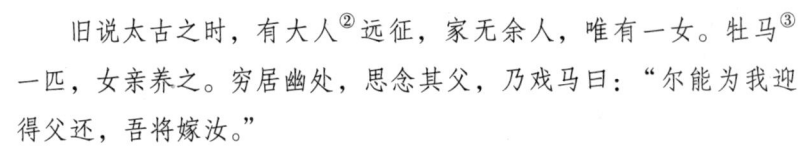

旧说太古之时，有大人②远征，家无余人，唯有一女。牡马③一匹，女亲养之。穷居幽处，思念其父，乃戏马曰："尔能为我迎得父还，吾将嫁汝。"

马既承此言，乃绝缰④而去，径至父所。父见马惊喜，因取而乘之。马望所自来，悲鸣不已。父曰："此马无事如此，我家得无有故乎？"⑤亟⑥乘以归。为畜生有非常之情，故厚加刍养⑦。马不肯食，每见女出入，辄⑧喜怒奋击，如此非一。

父怪之，密以问女，女具⑨以告父，必为是故。父曰："勿言，恐辱家门，且莫出入。"于是伏弩射杀之，暴⑩皮于庭。

父行，女与邻女于皮所戏，以足蹙⑪之曰："汝是畜生，而欲取人为妇耶？招此屠剥，如何自苦！"言未及竟⑫，马皮蹶然⑬而起，卷女以行。邻女忙怕，不敢救之，走告其父。父还求索，已出失之。

后经数日，得于大树枝间，女及马皮尽化为蚕而绩⑭于树上。其茧纶理⑮厚大，异于常蚕。邻妇取而养之，其收数倍。因名其树曰桑。桑者，丧也。由斯百姓竞种之，今世所养是也。

（晋·干宝《搜神记》卷一四）

注释：

①据树欧丝：手按着树在吐丝。据，按着。欧，通"呕"，吐出。

②大人：在高位者，如王公贵族，部落首长。

③牡马：公马。牡，雄性的鸟兽，与"牝"相对。

④绝缰：挣断缰绳。绝，断。

⑤得无……乎：莫非……吗？恐怕……吧？

⑥亟（jí）：赶紧，急忙。

⑦刍(chú)养：饲养，喂养。刍，用草料喂养牲畜。
⑧辄：时常，总是。
⑨具：详细，全部。
⑩暴(pù)：通"曝"，晾晒。
⑪蹙：通"蹴"，用脚踢。
⑫竟：完，结束。
⑬蹶(juě)然：突然，忽然，迅疾的样子。
⑭绩：搓麻线，这里指蚕吐丝作茧。
⑮纶理：这里指蚕茧的丝纹质地。纶，丝。理，纹路。

【文意疏通】

在北方的荒野上，生长着三棵高百丈、光杆无枝的桑树，树上趴着个姑娘，手按着树不分昼夜地吐丝，于是人们便称这片荒野为"呕丝之野"。这位美丽的姑娘，何以化身为蚕呢？

传说远古时代，有一个部落酋长远行在外，家里没有别的人，只有一个女儿。有一匹雄马，女儿亲自饲养它。她孤独地居住在偏僻的地方，思念她的父亲，就对着马开玩笑说："你如果能够把我父亲接回来，我就嫁给你。"

马听了这话以后，就挣断缰绳离开家，径直去到姑娘父亲驻扎的地方。父亲看见马又惊又喜，便拉过去骑上它。马望着它所来的那个方向，不停地悲嘶，父亲说："这匹马无缘无故地这样悲嘶，是不是我家里有事呢？"赶快骑马回了家。因为这匹马是畜生却有特殊的感情，所以他优厚地给予草料饲养。马不肯吃草料，每次看见女儿进出，就高兴或者发怒，腾跳踏地。像这样不止一两次。

父亲觉得奇怪，暗地里询问女儿。女儿把开玩笑的事一一告诉父亲，认为一定是这个缘故。父亲说："不要说出去，恐怕会侮辱

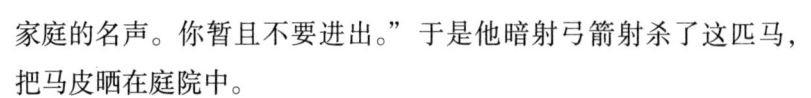

家庭的名声。你暂且不要进出。"于是他暗射弓箭射杀了这匹马，把马皮晒在庭院中。

父亲外出时，女儿和邻居姑娘在晒马皮的地方玩耍，她用脚踢马皮说："你是畜生，却想娶人做媳妇吗？遭到这样屠杀剥皮，何苦自讨苦吃呢！"话没说完，马皮突然飞起，卷着女儿飞走了。邻居姑娘又慌忙又害怕，不敢上前救她，跑去告诉她父亲。父亲回来后，到处寻找，可他女儿已经飞出去失踪了。

后来过了几天，在一棵大树枝条中间找到了女儿，她和马皮都变成了蚕，在树上吐丝作茧。那茧丝纹又厚又大，跟普通蚕茧不同。邻居妇女取来饲养，收到的蚕丝增加好几倍。于是把那种树叫作桑树。"桑"与"丧"谐音，就是丧失的意思。从此老百姓纷纷种起桑树来，这就是现今用来养蚕的树。

【义理揭示】

我国是世界上最早养蚕纺丝的国家，相传黄帝的妻子嫘祖是养蚕缫丝的发明者。蚕丝为人们带来了绵软柔滑的绸缎，庇佑着人们免受寒冷之苦，因此，怀着感恩之情，先民们对蚕这种奇异的昆虫充满了好奇，由此催生了这个故事。

蚕的外形，头部像马，躯干柔软修长，洁白光润而又丰满，令人联想到女子的身体，因此古人借助丰富的想象力创造了这样一个故事。值得注意的是，这个故事不只是对蚕这一自然生物来由的简单推想，而且还包含着许多道德伦理因素，如孝义、诚信等。

文化倾听

本章中主要编选了中国古代关于自然创生的神话故事，这些神话故事，曲折地反映了中华民族在原始社会的生活现实，也反映了我们祖先在与大自然作斗争的过程中表现出来的精神品质。

上古时代，蛮荒未开，野兽横行，灾害频发，各种凶猛的禽兽、毒蛇经常威胁人们的生存；在火山、洪水、干旱等自然灾害面前，人们的生存更是受到几近灭顶的考验。从这些神话故事中，我们看到，那时人们经常要面对"爁焱"的火山、"浩洋"的洪水、势如"九州裂"的地震、以"十日并出"为象征的干旱等各种极端的自然现象。所有这些，对于生产力极其低下的原始先民来说，无疑都是可怕的、难以应付的灾难。

但是，在这些严峻的生存考验面前，我们的祖先表现出了英勇不屈、坚韧顽强的精神品质，与各种自然灾害进行不屈不挠的搏斗，在狭小的生存缝隙中开掘延续生命的空间。神话故事中盘古、共工、夸父、女娲、羿、禹等人物形象，绝不仅仅是原始先民出于抗拒自然威胁的渴望而生发的大胆想象，从某种意义上来说，他们是我们祖先在与自然相抗争的过程中所创造的各种丰功伟业、所展现出来的光辉形象的缩影。

从神话故事中我们看到，这些与自然相抗争的英雄，有些是悲剧形象，有些则最终取得了胜利。但是，不管最终结局怎样，所有的故事几乎都洋溢着对他们所表现出来的可贵精神的赞美之情。

一、为民造福的担当精神

在《女娲造人补天》《羿射九日》《鲧禹治水》等神话故事中，当民不堪命之际，女娲、尧、羿、鲧、禹等挺身而出，杀蛟龙，诛邪暴，补苍天，立四极，疏导水流，安抚天下，还生民一份平静安定的生活，令"万民皆喜"。他们也因此被拥立为天子，或死后享祀，受到万民的爱戴。

二、追求真理的探索精神

远古时期，人们还没有能力充分了解自然的奥妙，于是便借助于大胆的想象，对神奇的自然作出解释，这个过程，表现出了他们探索自然、追求真理的强烈愿望和不懈努力。他们用盘古开天辟地的神话解释天地的形成，用女娲造人的神话了解人类的起源，用羲和生十日、常羲生十二月的神话探求日月的产生……所有这些，无一不是他们追求真理精神的具体表现。后世的诸多科学研究和思想探索，如哲学、天文学、地理学等的不断发展，都可以从这些神话故事中找到思想动力的源头。

三、战胜强暴的不屈精神

在这些神话故事中我们看到，鲧虽然治水失败了，但他死后肚腹裂开而生出大禹，继续根治洪水的伟业；刑天虽然被砍去头颅，但仍然"以乳为目，以脐为口，执干戚而舞"；共工被祝融打败，"乃头触不周山崩"；夸父"道渴而死"，但他的手杖却"化为邓林"；炎帝女淹死后，精魂也要化为精卫鸟，誓要填平东海……这些英雄，在抗击灾难、抵御暴力、反抗强权的过程中，表现出了不屈不挠、勇于抗争的坚定信念和顽强精神。

四、驱天使地的创造精神

很多上古神话，表现出了英雄们创造天地、驾驭自然的强烈冲动和伟大的功业。不必说盘古开天辟地，也不必说女娲造人补天，就是从夸父、鲧、禹等英雄形象的身上，我们也能感受到那种希望控制、驾驭大自然的远大理想和意气昂扬、勇往直前的自信力量。

上古神话中所表现出的上述精神，是我们民族性格最早的艺术概括。这种民族精神，在后世几千年来不断传承、发扬、光大，并成为我们民族在不同历史时期为人类文明发展作出卓越贡献的基石和保障。

文化传递

2013年6月20日10点04分，一堂别开生面的授课活动拉开帷幕。远在外太空的女宇航员王亚平作为主讲教师，在宇航员聂海胜的辅助下，在"神舟十号"飞船上向设在中国人民大学附属中学的地面课堂里的330多名中小学生演示并讲解失重环境下的基础物理实验。中华儿女不仅实现了航天梦，见证了航天梦，而且以梦筑梦，引领着一颗颗年轻的心灵，飞翔至深邃的苍穹，飞翔在遥远的太空，去探索宇宙更神奇、更复杂的奥秘。

女娲补天的神话，嫦娥奔月的传说，"飞天"之神的想象，还有孙悟空一个筋斗十万八千里的神功……千百年来，中华民族一直以炽热的情怀和丰富的想象，追逐着一个瑰丽灿烂的梦想：飞向太空，遨游天际，探索宇宙，追寻永恒。千百年来，中华民族从来没有停下过这追梦的脚步。在这追梦的过程中，留下来的有浪漫的想象，有惨痛的失败，同时更有民族的骄傲。

早在明朝成化年间，有个名叫万户的士大夫在人类航天史上迈出了伟大的第一步。据说他坐在一辆捆绑着四十七支火箭的蛇形飞车上,对恐惧万分不敢点火的仆人说:"飞天,乃是我中华千年之夙愿。今天,我纵然粉身碎骨,血溅天疆,也要为后世闯出一条探天的道路来。你等不必害怕,快来点火!"随着一声巨响,紧接着浓烟滚滚,烈焰翻腾,顷刻间,飞车已经离开地面,徐徐升向半空。突然,悲剧发生了。只见蓝天上万户乘坐的飞车变成了一团火,手中紧紧握着两只着了火的巨大风筝的万户,从燃烧着的飞车上跌落下来,摔在万家山上。他的努力虽然以悲剧而告终,但他是世界上第一个利用火箭向太空搏击的英雄,被世界公认为"真正的航天始祖"。为了纪念这位世界航天始祖,国际天文学联合会将月球上的一座环形山命名为"万户"。

失败的痛苦并没有消磨掉中华儿女为实现梦想而努力的决心和意志。人们从失败中爬起来,顽强地继续着圆梦的行动。1949年新中国的成立,掀开了中华民族历史的崭新篇章,也一次次创造了中国航天事业的新的历史。

1970年4月24日,中国成功地将自己的第一颗人造地球卫星"东方红一号"送上了太空。自太空传来的《东方红》乐曲声,宣告中国进入了航天时代,成为世界上第五个能独立发射卫星的国家。

1992年9月21日,中华民族的飞天梦想展开了新的篇章——实施载人航天工程。

1999年11月20日,我国载人航天计划中发射的第一艘无人实验飞船"神舟一号"航天飞船在酒泉航天发射场发射升空。次日凌晨,着陆缓冲发动机喷出的烈焰划破夜空,染红了草原,满载着一系列科学试验数据的飞船,稳稳落在大地上。从发射升空到返回地面，我国第一艘试验飞船——"神舟一号"遨游太空 21 个小时，获得圆满成功。

2001 年 1 月，"神舟二号"飞船成功发射升空。

2002 年 3 月，"神舟三号"飞船成功发射升空。

2002 年 12 月，"神舟四号"飞船成功发射升空。

2003 年 10 月 15 日 9 时 9 分 50 秒，我国自行研制的"神舟五号"载人飞船，在酒泉卫星发射中心发射升空后，准确进入预定轨道，中国首位航天员杨利伟被顺利送上太空。"神舟五号"载人飞船的发射成功，标志着我国首次载人航天飞行初战告捷，也标志着中国人民在攀登世界科技高峰的征程上又迈出了具有重大历史意义的一步。

2008 年 9 月 25 日，"神舟七号"载人航天飞船从中国酒泉卫星发射中心载人航天发射场发射升空。两天后的 16 时 48 分，航天员翟志刚手持鲜艳的五星红旗踏出飞船舱门，10 分钟的太空漫步，让中国人的足迹第一次印在了茫茫太空。

从无人试验飞船到载人航天飞船，从载人航天飞船到太空悠闲漫步，再到空间对接、太空授课，中华民族一步一个脚印，将从远古以来就燃烧在心中的"飞天"梦想变成了现实。

近几年，中国又启动了"嫦娥工程"。随着"嫦娥三号"无人登月探测器于 2013 年 12 月在月球大陆沉稳落地和"嫦娥五号"飞行试验器于 2014 年 10 月 24 日成功发射，中国的探月工程正载着中国人的"奔月"梦想，飞向遥远的宇宙空间。

思索宇宙，探寻自然，中华民族自古以来就没有停下过脚步。时至今日，随着科学技术的巨大发展，宇宙和自然逐渐褪去了神秘的面纱，向中华儿女发出了深情的呼唤。随着中华民族的伟大复兴，中国航天工程也正在一步步由梦想而变为现实。

文化感悟

1. 古人对天地、日月、星辰以及山河草木的起源有很多浪漫的想象和富有才情的记述，如月神常羲、洛神宓妃、巫山之神瑶姬、火神祝融等等，请再找几篇读一读。读后不妨思考：古人在神话传说中赋予那些艺术形象以超自然的神奇力量，寄托了他们对人与自然、生活怎样的理解？

2. 除了"文化倾听"中的短文谈到的四点之外，你从这些关于自然创生的上古神话中还感受到了哪些民族精神文化的基因？

3. 读了"文化传递"后，你认为当代中华儿女在探索自然，实现民族复兴伟大梦想的过程中，继承了古代先民在与自然对话中形成的哪些民族精神？请结合"文化典籍"中的具体篇目谈一谈。

第二章　人文创生

文化典籍

一 钻燧取火

【原文选读】

太古之初，人吮露精，食草木实，山居则食鸟兽，衣其羽皮，近水则食鱼鳖蚌蛤。未有火化①，腥臊多，害肠胃。于是有圣人出，以火德王②，造作③钻燧出火，教人熟食，铸金作刃，民人大悦，号曰燧人。

（三国蜀·谯周《古史考》）

遂明国④不识四时昼夜，有火树名遂木，屈盘万顷⑤。后世有圣人，游日月之外，至于其国，息此树下。有鸟若鸮⑥，啄树则灿然火出。圣人感焉⑦，因用小枝钻火，号燧人。

（《路史》发挥一注引《拾遗记》）

注释：

①火化：用火把食物做熟。化，变化。
②以火德王：因为品德与火相配，成为首领。王，做首领，称王。
③造作：创造，发明。
④遂明国：亦作燧明国，因燧木生火而明，故得名。
⑤屈盘万顷：屈盘起来，占的面积有一万顷。
⑥鸮：鸱鸮，俗称猫头鹰。
⑦感焉：受它的启发。感，感发。焉，于之。

【文意疏通】

在远古的时候，人们渴了就吸吮露珠的精华，饿了就吃野草的种子或树上的果实。如果住在山野，就生吃鸟兽的肉，用鸟兽的皮毛做衣裳；如果住在近水之处，就以鱼鳖蚌蛤为食物。所有这些食物，因为还没有发明取火之术，所以没有办法把它们烧熟，有浓重的腥臊气味，对肠胃伤害很大。于是有圣人出现了，他因为会使用火有德行而称王，发明出钻磨燧木引出火苗的办法来人工取火，教会人们把食物做熟了吃，又教人们铸造冶炼金属来制作兵器刀刃，人民十分高兴，称他为燧人。

传说远古有个地方叫燧明国，那里的人们分不出一年四季，也没有白天黑夜，但那里有种树叫燧木，树枝弯曲盘旋，铺展的面积有一万顷。后来有一个品德智慧极高的人，漫游到日月照耀不到的远方，来到这个地方，在这棵大树下休息。忽然，他看见有一种像猫头鹰一样的鸟在大树的枝叶间不停地用嘴啄木，每啄一下，就有明灿灿的火光迸射出来。这位圣人受到启发，就用小树枝来钻火，果然能钻出火来。于是他发明了人工取火的办法，人们就称他为燧人。

【义理揭示】

　　人工取火的发明，使人类从动物界中分离出来，从而开创了人类文明的新纪元。《易经》中有关文明奥秘的贲卦，其卦象就是"山下有火"，揭示了火对文明发展的重要意义。因此，著名学者赵朴初有首诗写道："燧人取火非常业，世界从此日日新。"

　　有趣的是，希腊神话里也有关于"火"的故事，但他们的火是先知普罗米修斯出于对人类的恩赐和庇佑从天上盗来普惠众生的。而钻燧取火的故事则告诉我们，在中华文化视野中，文明进步是在日常生活实践中一步步扎实前行的结果，不是靠上天的恩赐，也不是靠神祇的哀悯，而是靠人自身的实践和智慧才能实现。

二　伏羲画卦

【原文选读】

　　太暤①庖牺氏，风姓。代燧人氏②，继天而王。母曰华胥，履大人迹于雷泽③，而生庖牺于成纪。蛇身人首，有圣德。仰则观象于天，俯则观法于地，旁观鸟兽之文，与地之宜④，近取诸⑤身，远取诸物，始画八卦，以通神明之德，以类万物之情。造书契⑥以代结绳之政，于是始制嫁娶，以俪皮⑦为礼。结网罟⑧以教佃渔⑨，故曰宓牺氏。养牺牲以庖厨，故曰庖牺。……作三十五弦之瑟。

（唐·司马贞《补史记·三皇本纪》）

注释：

　①太暤（hào）：古人将传说中的五帝与东西南北中五个方位相配，因为伏羲氏位居东方，像太阳一样明亮，故称其为太暤。

②燧人氏：传说中的古帝王，钻木取火的发明者。
③雷泽：地名，后面的"成纪"也是地名，在今甘肃东南部。
④与地之宜：大地上适宜生长的植物。与，通"舆"，舆地，即土地。
⑤诸：之于。
⑥书契：把文字刻在木片的一侧即为书契，这是远古时代的一种文字。
⑦俪皮：成对的鹿皮，古代用为聘问、酬谢或定婚的礼物。俪，成对。
⑧网罟（gǔ）：捕鱼及捕鸟兽用的网。
⑨佃渔：打猎和捕鱼。佃，通"畋（tián）"，打猎。

【文意疏通】

伏羲氏又称太暭，姓风，在燧人氏之后，他成为古代华夏族的首领。他的母亲叫华胥，相传华胥在雷泽这个地方看到一个巨人的脚印，便好奇地踩了一下，没想到竟然因此怀孕了，在成纪生下了伏羲。相传伏羲氏长得蛇身人头，有圣人的品德。他抬头观察星云天象，俯身以取法地形地貌，观察鸟兽的花纹与大地所生的植物。近取象于自身，远取象于万物，于是开始创制八卦，以此会通神明的德性，以类比万物的情状。所谓八卦，就是以八种简单却寓意深刻的符号来概括天地之间的万事万物。他创造了刻写文字的方法来取代结绳记事。他还制定了嫁娶制度，实行男女对偶制，用成对的鹿皮作为聘礼。他教会人们编织网具来捕鱼打猎，所以人们称他宓牺氏。他还创造了文字替代在绳子上打结的记事方法。他还教人们把牲畜饲养起来以供食用，所以又称作庖牺。另外，他还发明了有三十五根弦的瑟。

【义理揭示】

从民族文化的形成上来说，传说伏羲始画八卦，开启了我们民

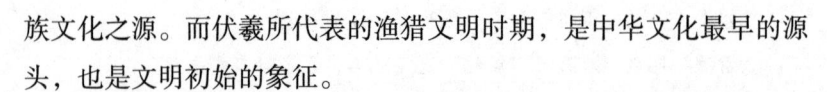

族文化之源。而伏羲所代表的渔猎文明时期，是中华文化最早的源头，也是文明初始的象征。

在伏羲这一传说人物身上，我们看到了文明的光亮是怎样从远古一直照射到我们身上的。他不停地沉思探寻世界的奥秘，试图从中寻找出天地万物运行的规律，从这个意义上来说，"八卦"既是文明创造的成果，也是文明创造这一行为的象征。正是这种试图摆脱蒙昧走向文明的不竭创造力，才让人们造书契、制嫁娶、结网罟、养牺牲，进而懂得音律之美，不断从懵懂混沌中开化觉醒，向着真善美的路程迈进，这就是"文明以止，遂成人文，以化成天下"的力量。

三 文王演《易》

【原文选读】

西伯①曰文王，遵后稷、公刘②之业，则古公、公季之法③，笃仁④，敬老，慈少。礼下贤者⑤，日中不暇食⑥以待士，士以此多归之。……崇侯虎谮⑦西伯于殷纣曰："西伯积善累德，诸侯皆向之，将不利于帝。"帝纣乃囚西伯于羑里⑧。……其囚羑里，盖⑨益⑩《易》之八卦为六十四卦。

(司马迁《史记·周本纪》)

注释：

①西伯：周朝基业的开创者，名姬昌。曾被商纣王命为西方诸侯之长，故称西伯。

②后稷、公刘：周之先祖。后稷约生活于舜帝时；公刘，传说为后稷曾孙。

③则古公、公季之法：效法古公亶父和季历的做法。则，效法。古公，指周文王的祖父古公亶父。公季，周文王的父亲，名季历。

④笃仁：一心一意奉行仁德。笃，专一。

⑤礼下贤者：对有才德的人谦下有礼。

⑥不暇食：顾不上吃饭。暇，空闲。

⑦谮（zèn）：诬陷，中伤。

⑧羑（yǒu）里：相传是殷代监狱所在地。

⑨盖：大概，表推测。

⑩益：增加，引申为发挥。

【文意疏通】

西伯就是后世尊称的周文王，他继承先祖后稷、公刘的遗业，效法祖父古公和父亲季历的做法，一心一意施行仁义，敬重老人，慈爱晚辈。他对贤士谦恭有礼，有时到了中午为了接待贤士都顾不上吃饭，因此有才能的人很多都归附他。……纣王身边有一个奸臣叫崇侯虎，他在殷纣王面前不停地说西伯的坏话："西伯到处行善事，做好人，这分明是在积累政治资本，诸侯现在都站在他那边了，这将对您的帝王之位很不利。"于是商纣王就把西伯囚禁在羑里的监狱里。大概就是在被囚禁于羑里监狱的那段时间里，西伯演绎发挥了《易》的八卦，成为六十四卦。

【义理揭示】

《易》的作者，历来说法不一。现在一般认为它是中华民族远古和上古先民集体智慧的结晶，而假之以伏羲、文王等人之名。

《易》历来被视为"五经之首",它的内容极其丰富,对中国几千年来的政治、经济、文化等各个领域都产生了极其深刻的影响。无论孔孟之道、老庄学说,还是《孙子兵法》,抑或是《黄帝内经》,无不和《易经》有着密切的联系。简直可以这么说,没有《易经》就没有中国的文明。

四 禅让政治

【原文选读】

尧立七十年得舜,二十年而老,令舜摄行①天子之政,荐之于天。尧辟位②凡二十八年而崩③。百姓悲哀,如丧父母。三年,四方莫举乐④,以思尧。尧知子丹朱之不肖⑤,不足授天下,于是乃权授舜。授舜,则天下得其利而丹朱病;授丹朱,则天下病而丹朱得其利。尧曰:"终不以天下之病而利一人。"而卒授舜以天下。尧崩,三年之丧毕,舜让辟⑥丹朱于南河之南。诸侯朝觐⑦者不之⑧丹朱而之舜,狱讼⑨者不之丹朱而之舜,讴歌者不讴歌丹朱而讴歌舜。舜曰:"天也。"夫而后之中国⑩践天子位焉,是为帝舜。……舜子商均亦不肖,舜乃豫荐⑪禹于天。十七年而崩。三年丧毕,禹亦乃让舜子,如舜让尧子。诸侯归之,然后禹践天子位。

(司马迁《史记·五帝本纪》)

注释:

① 摄行:代理行使职权。摄,代理。
② 辟(bì)位:离开君王之位。辟,通"避"。

③崩：古代指帝王去世。
④举乐：奏乐，举行娱乐活动。
⑤不肖：没有才能。
⑥让辟（bì）：退让君主之位。辟，君主。
⑦朝觐（jìn）：指臣子朝见君主。觐，朝见君主。
⑧之：到，往。
⑨狱讼：打官司。
⑩中国：上古时代，华夏族建国于黄河流域一带，以为居天下之中，故称中国，而把周围其他地区称为四方。后泛指中原地区。
⑪豫荐：事先举荐。豫，通"预"，事先。荐，推举，举荐。

【文意疏通】

　　这个故事讲述了古代中国三位圣王禅让帝位的过程。相传尧做了七十年帝王后，确认舜可以做他的继承人。又过了二十年，他感到自己已经衰老了，就让舜代理帝王之位，掌管天下的政事，并举行了祭天的仪式向上天举荐他。尧离开帝王之位二十八年后去世了。他去世的时候，百姓就像失去父母一样悲伤不已。整整有三年时间，就连边远地区也没有人举行娱乐活动，因为他们十分怀念帝尧，他们知道尧的心中时刻装着百姓，而不是个人或家族的私利。当年在确定继承人时，尧知道自己的儿子丹朱没有什么才能，不能够把天下交给他治理，于是就把君主的大权交给了舜。他知道把君王之位传给舜，对天下百姓有好处，但这样却损害了丹朱的利益；反之，如果把君王之位传给丹朱，虽然对丹朱有利，但倒霉的却是天下百姓。尧说："无论如何我也不能拿着让天下百姓受损失的代价来让丹朱一个人得好处。"最终把治理天下的大权交给了舜。尧去世的三年丧期结束后，舜想把帝王之位让给丹朱，自己就躲避到漯河南边的一处地方。但是各地诸侯都不到丹朱那里举行朝见礼，却去朝见舜。打官司的人也不到丹朱那里说理，而到舜那里去寻求公道。歌曲里咏唱的也是对舜的敬爱之情，而不是丹朱。舜说："看来这是天意啊！"在这种情况下，他便来到现在的黄河流域一带，正式登上天子之位，成为帝舜。帝舜的儿子商均也不成器，帝舜就事先举行祭天仪式，推选禹继承帝王之位。十七年后他去世了。等到三年丧期过后，禹同样想把帝王之位让给舜的儿子，就像舜当年让给尧的儿子一样。但是各地诸侯只愿归顺于他，在这种情况之下，禹才正式登上帝王之位。

【义理揭示】

尧、舜、禹这些古代圣王确定继承人的做法，历史上称为"禅让制"。其核心是以民生为重，以德能为先；具体做法就是在全国范围内选贤举能，经过长期培养与考察来确定继承人，然后通过政治表决完成权力过渡。禅让制表现出对公权的尊重和政治上的仁德与智慧。这种真正意义上的禅让，显然比后世的王位世袭制要高明得多。

禅让制是中华文化在政治层面对世界文明的重要贡献。当前不少人鼓吹民主选举制是世界上最先进、最优越的政治制度，其实不然，在很多方面，禅让制有选举制所不具备的优势。

五 舜行孝悌之道

【原文选读】

　　舜，冀州之人也。舜耕历山①，渔雷泽，陶河滨，作什器②于寿丘，就时③于负夏。舜父瞽叟顽④，母嚣⑤，弟象傲，皆欲杀舜。舜顺适不失子道，兄弟孝慈⑥。欲杀，不可得；即求，尝在侧。

　　舜年二十以孝闻。三十而帝尧问可用者，四岳⑦咸荐虞舜，曰可。于是尧乃以二女妻舜以观其内，使九男与处以观其外。舜居妫汭⑧，内行弥⑨谨。尧二女不敢以贵骄事舜亲戚⑩，甚有妇道。尧九男皆益笃⑪。舜耕历山，历山之人皆让畔⑫；渔雷泽，雷泽上人皆让居；陶河滨，河滨器皆不苦窳⑬。一年而所居成聚，二年成邑，三年成都。⑭尧乃赐舜絺衣⑮，与琴，为筑仓廪，予牛羊。瞽叟尚复欲杀之，使舜上涂廪⑯，瞽叟从下纵火焚廪。舜乃以两笠自扞⑰而下，去，得不死。后瞽叟又使舜穿井，舜穿井为匿空⑱旁出。舜既入深，瞽叟与象共下土实⑲井，舜从匿空出，去。瞽叟、象喜，以舜为已死。象曰："本谋者象。"象与其父母分，于是曰："舜妻尧二女，与琴，象取之。牛羊仓廪予父母。"象乃止舜宫居，鼓其琴。舜往见之。象鄂⑳，不怿㉑，曰："我思舜正郁陶㉒！"舜曰："然，尔其庶矣㉓！"舜复事瞽叟爱弟弥谨。于是尧乃试舜五典㉔百官，皆治。

（司马迁《史记·五帝本纪》）

注释：

①历山：与后面的"雷泽""河滨""寿丘""负夏"都是古代地名。

②什（shí）器：指人们在日常生活中使用的各种器具。什，各种，各样。

③就时：乘时，把握时机，这里应该是"把握商机经营生意"的意思。

④顽：头脑迟钝，愚蠢。

⑤嚚（yín）：舜的后母愚蠢而顽固。

⑥兄弟孝慈：友爱兄弟，孝敬父母。兄，用作动词。慈，指父母。

⑦四岳：帝尧时分管四方的四个诸侯，所以叫四岳。

⑧妫（guī）汭（ruì）：妫水弯曲之处。妫，水名，在今山西永济南，西流入黄河。汭，水流弯曲处。

⑨弥：更加。

⑩以贵骄事舜亲戚：因为身份高贵而傲慢地对待舜的父母亲人。亲戚，指父母及兄弟等。

⑪尧九男皆益笃：尧派去督察舜的九个男子越发忠厚了。笃，忠实，忠厚。

⑫让畔：在田界处让对方多占有土地。畔，田界，地界。后面的"让居"指互相推让居住的地方。

⑬苦（gǔ）窳（yǔ）：粗陋不坚固。苦，通"盬（gǔ）"，不坚固。窳，粗劣。

⑭聚：村落，人群聚居的地方。

⑮絺（chī）衣：细葛布衣。絺，细葛布。

⑯涂廪：用泥巴修补谷仓。

⑰扞（hàn）：通"捍"，保护。

⑱匿空：暗穴，隧道。空，通"孔"。

⑲实：填塞。

⑳鄂：通"愕"，惊讶。

㉑不怿（yì）：不悦，不欢愉。

㉒郁陶：忧思难解的样子。

㉓尔其庶矣：你可真算得上孝悌仁爱的好兄弟啊。其，副词，加强语气。庶，几乎，差不多，算得上。

㉔五典：古代五种伦理道德。

【文意疏通】

　　舜是冀州人。舜在历山耕过田，在雷泽打过鱼，在黄河岸边做过陶器，在寿丘做过各种家用器物，在负夏跑过买卖。舜的父亲瞽叟是个糊涂人，后母愚蠢而又顽固，父亲和后母所生的弟弟叫象，狂妄骄纵，不可一世，他们都想杀掉舜。舜却恭顺地行事，从不违背为子之道，友爱兄弟，孝顺父母。他们想杀掉他的时候，就找不到他；而有事要找他的时候，他又总是在身旁侍候着。

　　舜二十岁时，就因为孝顺出了名。三十岁时，尧帝问谁可以治理天下，四岳全都推荐虞舜，说这个人可以。于是尧把两个女儿嫁给了舜来观察他在家的德行，让九个儿子和他共处来观察他在外的为人。舜居住在妫水岸边，他在家里做事更加谨慎。尧的两个女儿不敢因为自己出身高贵就傲慢地对待舜的亲属，很讲究为妇之道。尧的九个儿子也更加笃诚忠厚。舜在历山耕作，历山人都能互相推让地界；在雷泽捕鱼，雷泽的人都能推让便于捕鱼的位置；在黄河岸边制作陶器，那里就完全没有次品了。一年的工夫，他住的地方就成为一个村落，两年就成为一个小城镇，三年就变成大都市了。见了这些，尧就赐给舜一套细葛布衣服，给他一张琴，为他建造仓库，还赐给他牛和羊。瞽叟仍然想杀他，让舜登高去用泥土修补谷仓，瞽叟却从下面放火焚烧。舜用两个斗笠保护着自己，像长了翅膀一样跳下来，逃开了，才得以不死。后来瞽叟又让舜挖井，舜挖井的时候，在侧壁凿出一条暗道通向外边。舜挖到深处，瞽叟和象一起往下倒土填埋水井，舜从旁边的暗道出去，又逃开了。瞽叟和象很高兴，以为舜已经死了。象说："最初出这个主意的是我。"象跟他的父母一起瓜分舜的财产，说："舜娶过来尧的两个女儿，还有尧赐给他的琴，我都要了。牛羊和谷仓都归父母吧。"象于是住在舜的屋里，弹着舜的琴。舜回来后去看望他。象非常惊愕，继而又摆出闷闷不乐的样子，说："我正在想念你呢，想得我心中好闷啊！"舜说："是啊，你可真够兄弟呀！"舜还像以前一样侍奉父母，友爱兄弟，而且更加恭谨。尧试用舜去理顺五种伦理道德，在各种职位上历练，舜都干得很好。

【义理揭示】

在儒家看来，孝悌是仁之根本。仁者爱人，一个人，如果说他具有爱的情怀和爱人的能力，那么他首先就要孝敬父母，友爱兄弟。一个连自己的父母兄弟都不能爱的人，怎么会去爱别人呢？舜的故事，以极端化的方式，彰显了"孝悌"的动人力量。

六 孔子问礼

【原文选读】

孔子适①周，将问礼于老子。老子曰："子所言者，其人与骨皆已朽矣，独其言在耳。且君子得其时则驾②，不得其时则蓬累而行③。吾闻之，良贾深藏若虚④，君子盛德，容貌若愚。去子之骄气与多欲，态色⑤与淫志⑥，是皆无益于子之身。吾所以告子，若

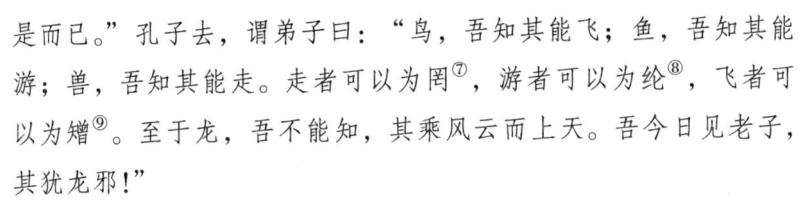

是而已。"孔子去,谓弟子曰:"鸟,吾知其能飞;鱼,吾知其能游;兽,吾知其能走。走者可以为罔⑦,游者可以为纶⑧,飞者可以为矰⑨。至于龙,吾不能知,其乘风云而上天。吾今日见老子,其犹龙邪!"

老子修道德⑩,其学以自隐无名为务。居周之久,见周之衰,乃遂去。至关⑪,关令尹喜曰:"子将隐矣,强⑫为我著书。"于是老子乃著书上下篇,言道德之意五千余言而去,莫知其所终⑬。

(西汉·司马迁《老子韩非列传》)

注释:

①适:往,到……去。

②得其时则驾:时运来了就入仕为官。时,机会,时运。驾,坐车,引申为外出做官。

③蓬累而行:像飞蓬飘转,动止皆不由己。蓬,一种根叶俱细的小草,风吹根断,随风飘转。累,转行的样子。

④良贾深藏若虚:这里以经商之道比喻有真才实学的人深藏不露。贾,商人。深藏若虚,把货物隐藏起来,不让别人知道,好像空虚无物的样子。

⑤态色:情态神色。

⑥淫志:过大志向。淫,过分。

⑦罔:通"网",捕猎用的网。

⑧纶:钓鱼用的丝线。

⑨矰:古代射鸟用的拴着丝绳的短箭。

⑩修:研究。道德:此指道家学说。道,指事物发展的普遍规律和宇宙的精神本原。德,指宇宙万物所包含的特殊规律或特殊性质。

⑪关:指函谷关。

⑫强:勉力。

⑬莫知其所终：没人知道他到哪里去了。莫，没有人。

【文意疏通】

孔子前往周都，想向老子请教礼的学问。老子说："你所说的礼，倡导它的人和骨头都已经腐烂了，只有他的言论还在。况且君子时运来了就驾着车出去做官，生不逢时，就像蓬草一样随风飘转。我听说，善于经商的人把货物隐藏起来，好像什么东西也没有，君子具有高尚的品德，他的容貌谦虚得像愚钝的人。抛弃您的骄气和过多的欲望，抛弃您做作的情态神色和过大的志向，这些对于您自身都是没有好处的。我能告诉您的，就这些罢了。"孔子离开以后，对弟子们说："鸟，我知道它能飞；鱼，我知道它能游；兽，我知道它能跑。会跑的可以织网捕获它，会游的可制成丝线去钓它，会飞的可以用箭去射它。至于龙，我就不知道该怎么办了，它是驾着风而飞腾升天的。我今天见到的老子，大概就是龙吧！"

老子研究"道德"学问，他的学说以隐匿声迹、不求闻达为宗旨。他在周都住了很久，见周朝衰微了，于是就离开周都。到了函谷关，关令尹喜对他说："您就要隐居了，勉力为我们写一本书吧。"于是老子就撰写了《道德经》，分上下两篇，阐述了道德的本意，共五千多字，然后才离去，没有人知道他的下落。

【义理揭示】

一般人们总认为，老子对儒家所倡导的仁义礼智等道德理念，是持否定态度的。但是在这个故事中，当孔子就"礼"的问题请教老子时，我们发现老子并没有否定"礼"的积极意义。而只是强调，君子除积极入世之外，还须考虑如何善自保存。正因如此，孔子对老子赞佩不已。

在中华传统文化宝库中，儒道两家相辅相成，互补交融，从而构建起一种稳定的文化结构，努力在群体、事功和个体、心灵之间的矛盾冲突中保持一种平衡，这也是中华文化之所以能够长盛不衰的重要原因之一。

七 三不朽

【原文选读】

二十四年春，穆叔如晋①。范宣子逆之②，问焉，曰："古人有言曰：'死而不朽'，何谓也？"穆叔未对。宣子曰："昔匄之祖，自虞③以上为陶唐氏④，在夏为御龙氏，在商为豕韦氏，在周为唐杜氏，晋主夏盟为范氏，其是之谓乎⑤？"穆叔曰："以豹所闻，此之谓世禄⑥，非不朽也。鲁有先大夫⑦曰臧文仲⑧，既没⑨，其言立，其是之谓乎！豹闻之，'太上有立德，其次有立功，其次有立言'⑩，虽久不废，此之谓三不朽。若夫保姓受氏，以守宗祊⑪，世不绝祀⑫，无国无之，禄之大者，不可谓不朽。"

（《左传·襄公二十四年》）

注释：

①穆叔如晋：叔孙豹到晋国去。穆叔，即叔孙豹，春秋时鲁国大夫，谥号曰"穆"，故史称"叔孙穆子"或"叔孙穆叔"。如，前往。

②范宣子逆之：范宣子迎接他。范宣子，名匄（gài），春秋时期晋国人。

③虞：帝舜的国号为"有虞"。

④陶唐氏：据说帝尧曾封于陶地和唐地，故号"陶唐氏"。范宣子在这里缕述自己祖上世代为贵族，地位显赫。后面的"御龙氏""豕（shǐ）韦氏""唐杜氏"等也都是不同历史时期的著名部族。

⑤其是之谓乎：说的莫非就是这个意思吗？其，语气副词。

⑥世禄：指贵族世代享有爵禄。

⑦先大夫：已过世的大夫。先，对死去的人的尊称。

⑧臧文仲：名辰，谥文，是臧哀伯次子，故死后又称臧文仲。他受命于鲁国危乱之际，对鲁国的发展发挥了积极作用。

⑨既没：在他死后。没，通"殁"，死去。

⑩立德、立功、立言：立德，指确立人伦道德规范；立功，指建立济世救民的功业；立言，指创立见解独到的学说。

⑪宗祊（bēng）：家庙。

⑫绝祀：断绝祭祀，指家族衰落或没有后代。

【文意疏通】

春秋时鲁国的叔孙豹与晋国的范宣子曾就何为"死而不朽"展开讨论。范宣子认为，他的祖先从虞、夏、商、周以来世代为贵族，家世显赫，香火不绝，这就是"不朽"。叔孙豹则以为不然，他认为这只能叫作"世禄"，还不能算作"不朽"。在他看来，真正的不朽乃是："太上有立德，其次有立功，其次有立言，虽久不废，此之谓三不朽。"并以鲁国已经去世的大夫臧文仲为例来阐述何为"立言"的不朽。在他的阐述中，保住一个姓氏或家族的长盛不衰，这只能算是为自己家族享有爵禄荣宠作出努力，这在任何一个国家都不乏其人，与"不朽"毫不沾边。

【义理揭示】

叔孙豹"三不朽"之说,表现出中国人的一种人生观和社会价值观,即人生的意义在于对社会、对历史、对文明的发展作出积极的贡献。一个人的自然生命是短暂的,但他所建立的道德、功业、学说则可以泽被后世,永垂不朽。

"三不朽"是中国传统的人生信仰,为历代志士仁人终生信仰且矢志奉行。正是因为有"不朽"的追求,才使得志士仁人在有生之年即怀千岁之忧,立高远之志,行正直之道,成非凡之事,报效国家,恩泽百姓。这是对生命价值深层思考后的响亮回答,是敢于对历史负责的明确态度。

八 天地人和

【原文选读】

故道①大,天大,地大,人亦大。域中②有四大,而人居其一焉。

人法③地,地法天,天法道,道法自然。

(老子《道德经·第二十五章》)

昔者圣人之作《易》也,将以顺性命④之理。是以立天之道⑤曰阴与阳,立地之道曰柔与刚,立人之道曰仁与义。兼三才⑥而两之,故《易》六画而成卦⑦;分阴分阳,迭用⑧柔刚,故《易》六位而成章⑨。

(《周易·说卦传》)

有子⑩曰:"礼⑪之用,和⑫为贵。先王之道⑬,斯⑭为美;小大由之,有所不行。知和而和,不以礼节⑮之,亦不可行也。"

(《论语·学而第一》)

注释:

①道:道家把宇宙万物的本原和本质称为"道"。

②域中:指宇宙空间。

③法:效法,以……为法则。

④性命:这里指万物的先天秉性与后天际遇。

⑤道:根本法则。

⑥三才:指天、地、人。才,通"材"。

⑦六画而成卦:用六爻(yáo)组成一个卦象。六画,指组成一个卦象的六爻。

⑧迭用:交错运用。迭,交换,轮流。

⑨六位而成章:根据爻在卦中所处的六个不同位置来写成卦辞。位,卦象中由下到上的不同位置。

⑩有子:孔子的弟子有若,字子有。

⑪礼:在春秋时代,"礼"泛指社会的典章制度和道德规范。孔子的"礼",指"周礼",即礼节、仪式,以及人们应遵循的道德规范。

⑫和:调和,和谐,协调。

⑬先王之道:指尧、舜、禹、汤、文、武、周文公等古代帝王的治世之道。

⑭斯:这,此。这里指礼,也指和。

⑮节:节制。

【文意疏通】

　　道家思想创始人老子认为,天、地、人,包括最本原的"道",是宇宙中四个伟大存在,而人就是这"四大存在"之一。在"四

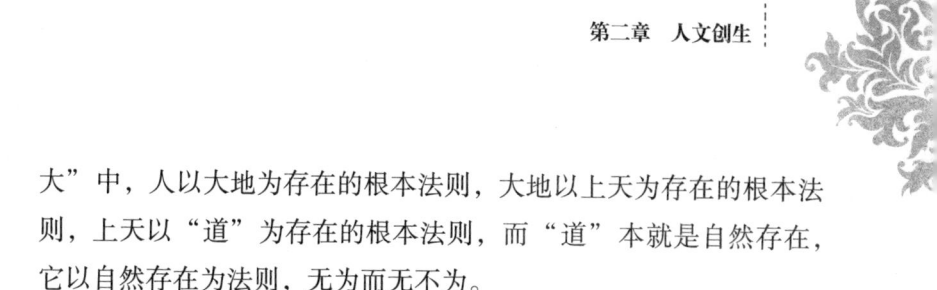

大"中，人以大地为存在的根本法则，大地以上天为存在的根本法则，上天以"道"为存在的根本法则，而"道"本就是自然存在，它以自然存在为法则，无为而无不为。

在儒家"五经之首"的《周易》中，说法虽与老子有所不同，但观点有相通之处。它认为，从前圣人创作《易经》，就是想要人们明白顺从性命的道理。因此确立天的根本法则叫阴和阳，确立地的根本法则叫柔和刚，确立人的根本法则叫仁和义。在一个卦象中同时包含天、地、人这三个要素，又把它们整合为内外两卦，所以《易经》中的卦象都是六爻构成一卦，这六爻分为阴爻和阳爻，交错运用来象征或阴柔或阳刚的力量，从而表现出天道、地道、人道的运行规律和变化奥秘，所以《易经》要根据六爻所处的位置及其变化来形成对卦的阐释。

孔子有一个弟子叫有子，他说："礼的应用，以和谐为贵。古代君主的治国方法，宝贵的地方就在这里。但不论大事小事只顾按和谐的办法去做，有的时候就行不通。这是因为如果一味追求和谐，不以礼仪规范来节制它，那就行不通。"

【义理揭示】

在中华传统文化视野中，不管儒家还是道家，人与天、地以及万物并不是二元对立，而是具有内在的和谐，是真正意义上的"天人合一"。

人挺立于天地之间，秉天地之精华，效法宇宙大道，与自然和谐相处，并以和谐为最高法则确立礼仪规范，来协调人与人、人与社会、人与自然、人与自我和祖先及后代的关系。所以，中国人的精神是一种"富于想象力的理性"和"洞悉物象内在生命的安详恬静、如沐天恩的心境"。

九 忠恕之道

【原文选读】

子曰:"参①乎!吾道一以贯之②。"曾子曰:"唯。"子出,门人问曰:"何谓也?"曾子曰:"夫子之道,忠恕而已矣。"

(《论语·里仁》)

曾子曰:"吾日三省③吾身——为人谋而不忠乎?与朋友交而不信乎?传不习④乎?"

(《论语·学而》)

子贡⑤问曰:"有一言而可以终身行之者乎?"子曰:"其⑥恕乎!己所不欲,勿施于人。"

(《论语·卫灵公》)

子曰:"君子有三恕。有君不能事,有臣而求其使⑦,非恕也;有亲不能孝,有子而求其报,非恕也;有兄不能敬,有弟而求其顺,非恕也。士能明于三恕之本,则为端身矣。"

(《孔子家语·三恕》)

注释:

①参:曾参,字子舆,孔子的弟子。
②一以贯之:用一个根本思想贯通始终。以,用。贯,贯穿、贯通。
③省(xǐng):反省,反思。
④习:反复练习,钻研。
⑤子贡:孔子的弟子,姓端木,名赐,字子贡。

⑥其：语气副词。

⑦求其使：要求下属听自己使唤。使，驱使，使唤。

【文意疏通】

孔子说："参啊，我的学说贯穿着一个基本思想。"曾子说："是。"孔子出去以后，学生们问曾子说："老师的话是什么意思呢？"曾子说："老师的学说，就是忠恕两个字罢了。"

曾子领会孔子的思想精髓，并终身行之。他曾经说过这样的话："我每天都要从三个方面反省自己——替别人办事是否尽心竭力了呢？和朋友交往是否诚信了呢？老师教给我的东西我是否反复钻研了呢？"

除曾参外，孔子还有好多弟子，其中有一个弟子叫子贡，有一次，他问孔子："老师，您能不能把您的思想概括成一个字，让我作为自己立身行事的座右铭呢？"孔子就回答说："那就应该是'恕'了吧！自己不想要的，也不要强加给别人。"

关于"恕"，《孔子家语》里阐述得更充分。孔子是这样说的："君子在三个方面应该宽厚。一是自己不能很好地侍奉君王，却要求自己的臣下能尽心侍奉自己，这不能算作宽厚；二是自己不能做到很好地孝敬父母，却要求自己的子女报效养育之恩，这不能算作宽厚；三是自己不能很好地敬事兄长，却要求自己的弟弟对自己温顺，这不能算作宽厚。作为一个读书人，如果能够从根本上理解并践行宽厚之道，就可以行得正立得直了。"

【义理揭示】

忠恕之道，是儒家思想的精髓，集中体现了儒家"博施于民而能济众"的仁爱精神。用现在的话说就是"换位思考",心中要装着别人。

人往往局限在以自我为中心画就的小圈子里,时时处处从自己的角度考虑问题,这就免不了人与人之间的碰撞和冲突。而忠恕之道,倡导人们多为别人考虑,"己欲立而立人,己欲达而达人",成就别人、关爱别人、包容别人、体谅别人,因此,自我的内心就生出温暖的爱意,人与人之间就充满了和谐与感动。

十 活字印刷

【原文选读】

板印书籍[1],唐人尚未盛为之[2]。五代[3]时始印五经[4],已后[5]典籍[6]皆为板本[7]。

庆历[8]中有布衣[9]毕昇,又为活板。其法:用胶泥刻字,薄如钱唇[10],每字为一印[11],火烧令坚[12]。先设一铁板,其上以松脂、蜡和[13]纸灰之类冒[14]之。欲印,则以一铁范[15]置铁板上,乃密布字印,满铁范为一板,持就火炀之[16];药[17]稍熔,则以一平板按其面,则字平如砥[18]。若止[19]印三二本,未为简易[20];若印数十百千[21]本,则极为神速。常作二铁板,一板印刷,一板已自[22]布字,此印者才毕,则第二板已具[23],更互[24]用之,瞬息可就[25]。每一字皆有数印[26],如"之""也"等字,每字有二十余印,以备一板内有重复者。不用,则以纸帖之[27],每韵为一帖,木格贮之[28]。有奇字[29]素无备者,旋刻之,以草火烧,瞬息可成。不以木为之者[31],文理[32]有疏密,沾水则高下不平,兼[33]与药相粘,不可取[34];不若燔土[35],用讫[36]再火令药熔，以手拂之，其印自落，殊不㉚沾污。

昇死，其印为予群从㉝所得，至今保藏。

（北宋·沈括《梦溪笔谈》）

注释：

①板印书籍：即用木板刻字印书。板印，雕版印书。板，通"版"，名词作状语，用雕版。

②盛为之：大规模地做这种事。盛，盛大，这里是大规模的意思。之，指"板印书籍"。

③五代：指唐以后的后梁、后唐、后晋、后汉、后周五个朝代。

④五经：儒学的经典，指《易经》《尚书》《诗经》《礼记》《春秋》。汉后合称"五经"。

⑤已后：以后。已，通"以"。

⑥典籍：重要的文献书籍。

⑦板本：板印的本子。

⑧庆历：宋仁宗年号（1041—1048）。

⑨布衣：平民。古代没有官职的人穿布衣服，所以称布衣。这里指没有做官的读书人。

⑩钱唇：铜钱的边缘。

⑪印：印模。

⑫令坚：使坚硬。

⑬和（huò）：混合。

⑭冒：蒙、盖。

⑮范：框子。

⑯持就火炀（yáng）之：把它拿到火上烤。就，靠近。炀，烤。

⑰药：指上文所说的松脂、蜡等物。

⑱字平如砥（dǐ）：所有排在板上的字像磨刀石那样平。

⑲止：通"只"。

⑳未为简易：不能算是简便。

㉑数十百千：几十乃至百、千。

㉒自：另外。

㉓具：准备好。

㉔更（gēng）互：交替，轮流。

㉕就：完成。

㉖印：字印。

㉗以纸帖之：把活字分类用纸条标记。帖，用标签标出。

㉘每韵为一帖，木格贮之：每一个韵部的字做一个标签，用木格子把它存放起来。韵，指韵部。唐宋时，人们按照诗歌押韵的规律，把汉字分为206韵，后来又合并为106韵。

㉙奇字：写法特殊，或生僻、不常用的字。

㉚旋：随即，很快地。

㉛不以木为之者：不用木头刻活字的原因。

㉜文理：纹理，质地。

㉝兼：又。

㉞不可取：拿不下来。

㉟燔（fán）土：就是上文所说的"用胶泥刻字，火烧令坚"。燔，烧。指用火烧过的黏土字印。

㊱讫（qì）：终了，完毕。

㊲殊不：一点也不。

㊳予群从：我的弟侄辈。群，众，诸。从，次于最亲的亲属，例如堂兄弟为从兄弟，侄为从子，伯叔父为从父。单说"从"，指比自己小的。

【文意疏通】

用雕版印刷书籍，唐朝人还没有大规模地这么做。五代的时候才用雕版印刷五经，以后的重要书籍都是雕版印刷的本子了。

宋朝庆历年间，有个没有做官的读书人叫毕昇，又发明了活字版印刷。它的方法是：用黏土刻字，字模薄得像铜钱边缘似的，每字刻一个字模，用火烧使它坚硬。先设置一块铁板，在它的上面用松脂、蜡混合着纸灰一类的东西盖上。想要印刷，就把一个铁框子放在铁板上面，在铁框内密密地排上字模，排满了一铁框就成为一块印版，把它拿到火上烘烤；待铁板上的药物稍微融化，就用一平板按在字模上面，那么字印就像磨刀石那样平。如果只印三两本，还不算是简便；如果印几十本乃至成百上千本，那就极其快速。通常是做两块铁板，这一块在印刷，那一块已另外在排字了，这块印刷才完，第二块板已准备好了，两块相互交替使用，很短的时间就能完成。每一个字都有好几个印模，像"之""也"等字，每个字有二十多个印模，用来准备同一板内有重复的字。不用时，就用纸条给它们作标志，每一个韵部的字做一个标签，用木格子把它存放起来。遇到平时没有准备的生僻字，随即刻制，用草烧火烤，一会儿就能制成功。不用木头刻活字是因为木料的纹理有疏有密，一沾水就会变得高低不平，又加上木刻的字会和药物粘在一起，拆版时拿不下来；不像用胶泥烧制的字模，印完后再用火一烤，使药物融化，用手轻轻一掸，那些字模就会自己掉下来，一点也不会被药物弄脏。

毕昇死后，他的字模被我的堂兄弟和侄儿们得到，到今天还珍藏着。

【义理揭示】

印刷术的发明，是人类文明史上的光辉篇章，建立这一伟绩殊勋的莫大光荣属于汉民族。而活字印刷术更是人类历史上最伟大的发明之一，是中国对世界文化的重大贡献。

印刷术使书籍可以批量复制，不仅减少手写本因有限的收藏而遭受绝灭的可能性，使书籍留存的机会增加，从而有利于文化成果的积累和保存，而且方便文明与智慧的广泛传播，促进教育的普及和知识的推广。这一发明对文明进步的价值不可估量。

文化倾听

德国哲学家雅斯贝斯在《历史的起源和目标》中提出了"轴心时代"的说法，认为公元前800年至公元前200年之间，各个文明都出现了伟大的精神导师——古希腊有苏格拉底、柏拉图、亚里士多德，以色列有犹太教的先知们，古印度有释迦牟尼，中国有孔子、老子……他们提出的思想原则塑造了不同的文化传统，也一直影响着人类的生活。

这就是本章所说的"人文创生"的理论基础。我们试图通过本章的故事，撩开历史幕布之一角，从中探察中华文化在创始之际就具有的基因、密码和精神底色。那么中华文化在人文创生之际奠定了怎样的底色呢？

一、脚踏实地的实干精神

与古希腊的思想家大多耽于玄想，努力构建一个与凡俗生活相对的、永恒的、理想的彼岸世界不同，中华文化从诞生的那一刻起就带着生活和实践的鲜活露水，是此岸世界凡俗生活的智慧结晶。不管是各种文化故事，还是先哲言论，都说明中华文化是对现世生

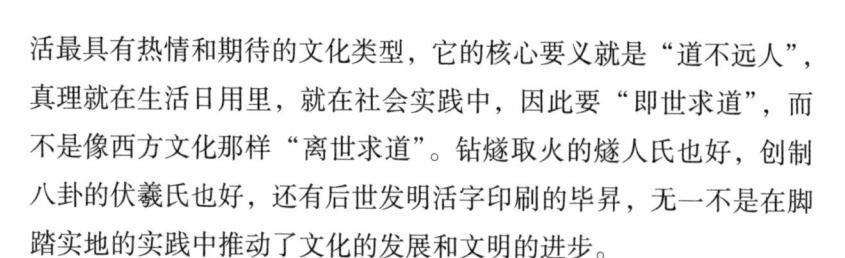

活最具有热情和期待的文化类型，它的核心要义就是"道不远人"，真理就在生活日用里，就在社会实践中，因此要"即世求道"，而不是像西方文化那样"离世求道"。钻燧取火的燧人氏也好，创制八卦的伏羲氏也好，还有后世发明活字印刷的毕昇，无一不是在脚踏实地的实践中推动了文化的发展和文明的进步。

二、仁民爱物的仁爱情怀

《忠恕之道》《舜行孝悌之道》和《禅让政治》等故事，生动地诠释了中国文化中那种仁民爱物的仁爱情怀。"仁者爱人""爱人者人恒爱之"。爱自己，爱父母，爱家人，中国文化中的"爱"富有坚实的血缘基础和浓浓的亲情温度，与那种带有宗教色彩的近乎抽象的"博爱"相比，是多么实在，多么贴近生命和心灵啊！将这种爱推而广之，推己及人，便建构起了中国文化中"爱"的逻辑，构成了"四海之内皆兄弟也"的大同图景。"尧舜禅让"中那种"不以天下之病而利一人"的政治选择，同样是这种仁爱情怀在政治生活中的投射。

三、物我合一的圆融境界

什么是"物"？在中国传统文化中，自我之外的一切虚有和实存都是外物，包括上天，包括他人，包括宇宙万物。但是它却从来不把自己与外物截然分离，而是努力追求一种物我合一、互通共存的和谐境界。在这样的文化视野中，人既不自大，也不自卑，既不是凌驾于宇宙自然之上的主宰者，也不必匍匐在宇宙自然的脚下唯命是从。人与宇宙自然、天地万物一样伟大而了不起，是和谐共存的；与自我之外的他人，因为有"以和为贵"的"礼"作为维系，同样努力追求一种圆融的境界。

四、超越有限的生命追求

"立德、立功、立言"的"三不朽",精炼地概括了中国文化对个体生命如何超越有限而达致永恒的深层思考,也是古往今来的志士仁人矢志追求的生命高标。立德者成圣,立功者成贤,立言者成家,有了这"三不朽"的不懈追求,生命才有了价值,文化才有了高度,历史才成就了辉煌。孔孟、老庄、申韩、司马迁、张骞、苏东坡、王阳明、顾炎武、曹雪芹……这一个个光辉灿烂的名字,正是因为对生命不朽的追求,才化作了历史星空中永不陨落的恒星!

需要说明的是,本章所选故事,在浩瀚的中华历史文化海洋里,当然只是涓滴而已,不可能代表中华文化创生的全部,也不可能涵括中华文化精神的全部,因此在阅读时,不要从文化体系或结构的系统性、全面性上来解读这些小故事,而应把它们看作一滴滴露珠,去捕捉那晶莹闪亮的动人光芒!

文化传递

于漪老师说:汉语言文字是中华民族文化的根,对内是粘合剂,对外是长城。可是,从清末一直到20世纪80年代,汉语言文字的命运可谓跌宕起伏。一大批文化革新的激进派人士都认为汉字是封建的遗存和文化的落后因子,强烈主张废除汉字,实现汉字的罗马化、拉丁化,让汉语走拼音化的道路。这种倾向一直像一个沉重的阴影,横亘在汉语言文字发展的道路上,并且也确实使汉语言文字发生了一些形体上的变化。

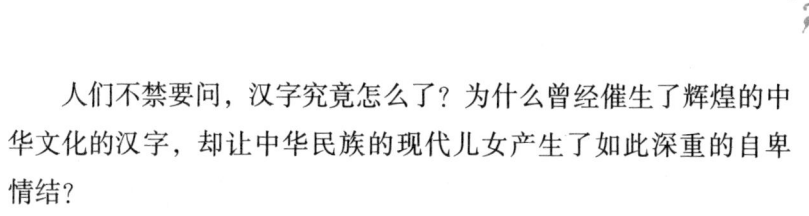

人们不禁要问，汉字究竟怎么了？为什么曾经催生了辉煌的中华文化的汉字，却让中华民族的现代儿女产生了如此深重的自卑情结？

众所周知，19世纪的中国积贫积弱，备受世界列强欺凌。于是一批救国图强的知识精英将中国国力衰微和国民愚昧归咎于汉语言文字，他们从启蒙的使命出发，认为以象形为基本构字原则的汉语言文字不利于文化的普及和知识的大众化，因此强烈要求改革汉字，去繁就简，走汉语拼音化的道路。

而到了20世纪中叶，世界范围内的科技革命已经把印刷术带进了电子时代，印刷术开始使用和电脑相连的照排技术，并迅速淘汰了铅字，实现了书报自动排版。而中华民族却依然羁绊于浩瀚的汉字，传承着以火熔铅、以铅铸字、以字排版、以版印刷的衣钵。相对于英语仅有26个字母而言，汉语言文字庞大的字群和字体，以及字形笔画的千变万化，在现代信息技术面前，无疑是有先天的局限性的。因此，这场信息革命，更加重了人们的汉字自卑情结。

我们知道，早在我国北宋时期，毕昇就发明了活字印刷术，为人类文明的发展作出了巨大贡献。因为，活字印刷术使知识和信息的长期保存和传播成为可能。在此后的近千年间，虽然活字印刷技术有局部改进，但基本原理却没有发生本质的变化。中华民族对于"印刷术"的发明专利保持了将近千年。难道随着信息技术革命的到来，中华民族将永远落后于世界文明发展的步伐了吗？要知道，一种文字的印刷技术水平，制约着这个民族接受外来先进科技文化的速度和质量，更制约着这个民族以自己的科技文化对世界施加影响的速度和质量。它将会影响人类的知识表达利用的方式，影响民族文化的存亡与发展。

难道美丽的汉字真的是代表了落后的文化类型？难道在信息技术的大潮中，中华民族文化真的将被大浪淘沙般地淘洗殆尽？

不！美丽汉字的光芒不会被历史的乌云所永远遮蔽。汉字文化，以及它所代表的中华文化自有其永不枯竭的适应力、生发力和创造力。中华民族不仅不会落后于人类文明发展的大潮，而且终会迎头赶上，卓立潮头。因为中华文化有其生生不息的元气，因为中华文化所孕育的优秀儿女，是吸纳了这种生命元气的文化继承者和创造者。

曾经有人预言：计算机是汉字文化的掘墓机。而王永民——这个出生地与汉字文化有着密切联系的河南南阳人——可不信这个邪！为了让汉字战胜在人类信息时代所遭遇的"生死劫"，他每天工作十多个小时，很少有休息的时间。尽管研究室里有一张小床，他却很少躺下来好好地休息一下。咸菜稀饭、挂面辣酱是他的主食，因为长期的营养不良，他的身体状况非常不好。

功夫不负有心人，经过五年的刻苦攻关，王永民终于发明了被国内外专家评价为"其意义不亚于活字印刷术"的五笔字型（王码）输入法，彻底突破了汉字输入电脑速度和效率的"瓶颈"。对此，王永民自豪地说："如果要谈论个人的贡献，那么我最大的贡献就是参与了汉字渡过世纪难关的科研项目，并发明了五笔字型。经过二十多年艰苦卓绝的推广，这个发明已经造福了社会，解决了汉字输入的速度和效率问题，使我们的汉字没有走入时代的死胡同。"

使我们的汉字没有走入时代死胡同的，还有北京大学的王选院士。

人们曾经认为，可以用于印刷的汉字字形，信息量达几百亿字节。这庞大的天文数字需要体积庞大、造价昂贵的超大型计算机，是不可能应用于普通排版系统的。而王选同样不信这个邪。

从 1975 年开始，北京大学承担了国家重点项目"汉字信息处理工程"（简称"748 工程"）中"汉字精密照排系统"的研究工作，王选作为领导这一科研项目的技术负责人，从一开始就采取跨越式发展的技术路线，追求一种全新的、超前的构想——跨过日本和欧美流行的第二、三代照排机，直接发展第四代激光照排系统。

十几个没有假日的寒暑，经历了九九八十一难的艰辛，王选和他的合作者终于以全新的思路和方法获得了成功，从而圆满地解决了世界最复杂的文字——汉字的信息存储和输出难题。接着，又推出了以他的技术为核心的"华光""方正"电子出版系统，使我国的印刷业告别了铅与火的历史，进入了电与光的时代。

五笔字型输入法和汉字激光照排系统的发明，极大地推进了汉语的信息化进程，从而让人们对汉字在信息时代的优势有了充分的认识，对汉字在中华文明基因传承中的重要作用有了更深入的理解。从此，困扰了中华民族百年之久的汉字自卑情结，便化作了一场隔世旧梦；而废除汉字，走汉语拼音化道路的痴狂举动，也最终成为了一场隔世迷狂。

当我们回顾历史的时候，汉字命运将近一个世纪的跌宕起伏，让我们对汉语言文化的生命力更加自信了。

文化感悟

1. 读了本章所选故事，你对于中国传统文化的人文特色和价值追求产生了怎样的理解？请结合你的阅读经验谈一谈。

2. 在中国文化史上，儒家主张"爱有差等"的"仁爱"，墨家主张"爱无差等"的"兼爱"，双方展开了激烈的争论。你对这个问题有兴趣吗？如果有兴趣，请查阅相关资料，在充分了解双方观点和立论依据的基础上，在班级里开展一次辩论会。

3. 你在哪位现当代人物身上看到了对"人文创生"故事的文化传承？请与你的同学互相交流。

第三章 文化继承

文化典籍

一 孔子学琴

【原文选读】

孔子学鼓琴师襄子①,十日不进②。师襄子曰:"可以益③矣。"孔子曰:"丘已习其曲矣,未得其数④也。"有间⑤,曰:"已习其数,可以益矣。"孔子曰:"丘未得其志⑥也。"有间,曰:"已习其志,可以益矣。"孔子曰:"丘未得其为人⑦也。"有间,有所穆然⑧深思焉,有所怡然⑨高望而远志焉。曰:"丘得其为人,黯⑩然而黑,几⑪然而长,眼如望羊⑫,如王四国⑬,非文王其谁能为此也!"师襄子辟席⑭再拜,曰:"师盖云《文王操》⑮也。"

(西汉·司马迁《史记·孔子世家》)

三百五篇⑯,孔子皆弦歌⑰之,以求合《韶》《武》《雅》

《颂》⑱之音。礼乐自此可得而述⑲,以备王道⑳,成六艺㉑。

(西汉·司马迁《史记·孔子世家》)

注释:

①学鼓琴师襄子:向叫襄的乐师学习弹琴。师襄子,春秋时鲁国的乐官,善击磬,也称击磬襄。一说是卫国乐官,亦称师襄子。

②进:前进,此指不再学习新的曲子。

③益:加,增加,此意同"进"。

④数:规律,这里指演奏的技巧。

⑤有间:过了一段时间。

⑥志:志趣。

⑦为人:作曲的人是一个什么样的人。

⑧穆然:沉静深思的样子。

⑨怡然:和悦的样子。

⑩黯:深黑。

⑪几:通"颀",颀长。

⑫望羊:亦作"望洋",远视的样子。

⑬四国:四方,天下。

⑭辟席:即避席。古人席地而坐,离座而起,表示敬意。辟,通"避"。

⑮《文王操》:相传为周文王所作的琴曲。

⑯三百五篇:指《诗经》,又称《诗》或《诗三百》,相传为孔子所编订。

⑰弦歌:依琴瑟而咏歌。

⑱《韶》《武》《雅》《颂》:《韶》,上古舜帝之乐。《武》,武王伐纣之乐。《雅》《颂》,《诗经》之乐。

⑲述:传述,传承。

⑳王道:儒家提出的一种以仁义治天下的政治主张,与霸道相对。

㉑六艺:指礼、乐、射、御、书、数。

【文意疏通】

对于古代文化，孔子一直悉心学习。据历史记载，他曾经向当时一位名叫襄的著名乐师学琴，学了十天还不肯放弃旧曲而学习新曲。师襄子说："你可以学习新的曲子了。"孔子说："我已经熟悉乐曲的形式，但还没有掌握演奏的技巧。"过了一段时间，师襄子说："你的弹奏技巧已经很熟练了，可以学习新曲子了。"孔子说："我还没有领会曲子的意趣。"过了一段时间，师襄子说："你已经领会了曲子的意趣，可以进一步学习新的内容了。"孔子说："我还不了解乐曲的作者。"又过了一段时间，孔子神情俨然，仿佛进到新的境界：时而庄重穆然，若有所思；时而怡然高望，志意深远。他说："我知道乐曲的作者是个怎样的人了：他皮肤深黑，体形颀长，眼光明亮远大，像个统治四方诸侯的王者，若不是周文王，还有谁能谱写出这样的乐曲呢？"师襄子听到后，连忙离开坐席，连行两次拜礼，答道："我的老师也认为这的确是《文王操》。"

孔子晚年对当时流传的歌谣进行甄选、删减，保留了三百零五首诗歌，编订为现在人们看到的《诗经》，这些诗歌，孔子都能依琴瑟之乐而歌唱。借整理编订《诗经》，孔子力图使音乐教化能够合乎《韶》《武》《雅》《颂》等古代乐曲的传统，从而恢复了古代的礼乐传统，使礼乐教化成为现实。这样，他所倡导的"王道"才得以完备，"六艺"才趋于齐备。

【义理揭示】

这个故事，不仅给后人树立了一个难得的学习音乐的榜样，也反映出身为万世师表的大教育家孔子好学、善学的精神和品质。

对先代文化遗产的继承，不仅在于学习其具体的形式，达到技巧的纯熟乃至内容的理解，更重要的在于领会其意趣，师法其精神，继承其志气。孔子学琴，经过反复揣摩体会，领会了乐曲的深层意蕴，感受到文王的气质神韵，如见其人，如闻其声，从而让自己的精神意志与古代圣王相接，这是真正意义上的学习。正因为他的学习达到了这样的境界，所以他才能够在文化的继承中有所发明，有所创造。

二 曾子耘瓜

【原文选读】

曾子耘瓜①，误斩其根，曾皙怒，建②大杖以击其背，曾子仆地③而不知人久之。有顷，乃苏，欣然而起，进于曾皙曰："向也得罪于大人④，大人用力教参，得无疾乎⑤？"退而就房，援琴而歌⑥，欲令曾皙闻之，知其体康也。

孔子闻之而怒，告门弟子曰："参来勿内⑦。"

曾参自以为无罪，使人请于孔子。子曰："汝不闻乎？昔瞽瞍⑧有子曰舜，舜之事瞽瞍，欲使之，未尝不在于侧；索而杀之，未尝可得。小棰则待过；大杖则逃走。故瞽瞍不犯不父之罪⑨，而舜不失烝烝⑩之孝。今参事父，委身⑪以待暴怒，殪⑫而不避，既身死而陷父于不义，其不孝孰大焉？汝非天子之民也？杀天子之民，其罪奚若⑬？"

曾参闻之，曰："参罪大矣。"遂造孔子而谢过⑭。

（选自三国魏·王肃注《孔子家语·六本》）

注释：

①曾子耘瓜：曾参在瓜田里除草。曾子，曾参，孔子弟子，其父为曾皙。耘，除草。

②建：竖起，此处为"举起"之意。

③仆（pū）地：倒在地上。仆，向前跌倒。

④大人：这里是对父亲的尊称。

⑤得无……乎：固定句式，该不会……吧。

⑥援琴而歌：弹着琴唱起歌来。援琴，持琴，弹琴。

⑦内：通"纳"，接纳，让……入内。

⑧瞽叟：帝舜父亲的别名。

⑨不父之罪：违背为父之道的罪过。不父，不像父亲。

⑩烝烝（zhēng）：淳厚的样子。

⑪委身：献身，以身事人。

⑫殪（yì）：死，这里是被杀死。

⑬奚若：何如，怎么样。

⑭遂造孔子而谢过：于是到孔子那里去承认错误。造，到。谢，认错，道歉。

【文意疏通】

曾参在瓜地锄草，不小心锄断了瓜苗的根，他的父亲曾皙大怒，举起大木棍来朝他的背就是一棍，曾参倒在地上，好长时间都不省人事。过了一会儿，曾参醒过来，高高兴兴地从地上爬起来，走上前去对曾皙说："刚才我得罪了父亲大人，父亲大人用力教训我，该不会弄伤了吧？"曾参从父亲那里回到房内，就弹着琴唱起歌来，想要让曾皙听到，知道他身体没什么事儿。

孔子听说了这件事很生气，告诉门下弟子说："如果曾参来了，不要让他进来。"

曾参认为自己并没有过错，派人去向孔子请教自己错在哪里。孔子说："你没听说过吗？从前瞽叟有个儿子叫舜，瞽叟想要使唤他的时候，他没有不在身边的；但要四处寻找把他杀掉，却怎么也找不到。用小棍子打，他就挨着；用大棍子打，他就逃走。所以瞽叟没有犯下不遵父道的罪，舜也没有失去淳厚的孝道。如今曾参侍候父亲，挺身等着被父亲暴打，朝死里打也不躲一下，不仅自己死了，还陷他父亲于不义，不孝还有比这更大的吗？你不是天子的子民吗？杀了天子的子民，有哪样罪比得上呢？"

曾参听后说："我的罪过很大啊。"于是就到孔子那里去承认错误。

【义理揭示】

"孝"是中国传统美德之一，曾参不仅继承了这一美德，而且还成为这一美德的文化符号，相传《孝经》就是他著述而成的。

在本文中，曾参之孝源自于对父亲之爱，他忍受痛楚而故作欣然之状，目的是宽慰并取悦曾皙。但是孔子的教导让我们知道，继承并践行孝道，并非一味顺从、牺牲自我就可以完成。每一个人都承担着家庭、社会等多重角色，既是父母之子，还是国家公民，更是一个独立的生命，孝敬父母的责任固然应该尽到，但同时还要兼顾到作为一个公民和生命的价值。如果为孝敬父母而偏废其他，不仅自身受损，更使父母陷入难堪的局面，甚至受到道德的谴责乃至法律的制裁。

可见，所谓的"苦孝""愚孝"并不合乎传统文化之真义。

三 伏生藏书

【原文选读】

伏生①者,济南人也。故为秦博士。孝文帝时,欲求能治《尚书》②者,天下无有,乃③闻伏生能治,欲召之。是时伏生年九十余,老,不能行,于是乃诏④太常使掌故朝错⑤往受之。

(西汉·司马迁《史记·儒林列传》)

秦时焚书,伏生壁藏之。其后大兵起⑥,流亡。汉定,伏生求其《书》,亡数十篇,独得二十九篇,即以教于齐鲁之间。学者由此颇⑦能言《尚书》,诸山东大师亡⑧不涉⑨《尚书》以教矣。

(东汉·班固《汉书·儒林传》)

注释:

①伏生:名胜,字子贱,经学家。秦代朝廷设博士以备顾问,伏生即为博士。

②《尚书》:又称《书》《书经》,一般认为是中国现存最早的史书。

③乃:竟然,却。

④诏:皇帝下达命令曰"诏"。

⑤太常使掌故朝错:太常使掌故,汉朝官职名,为太常属官,掌管礼乐制度等。朝错,即晁错,汉文帝、景帝时名臣。

⑥大兵起:据《史记》应为"兵大起"。

⑦颇:略微,稍稍。

⑧亡:通"无"。

⑨涉:涉猎,阅读学习。

【文意疏通】

　　秦汉年间济南有位经学家叫伏胜，也称伏生。秦代朝廷设博士以备顾问，那时伏生就是博士。汉文帝时，社会逐渐恢复平定，想加强礼乐教化，但是经过秦代焚书之祸和之后的战乱，很多文化遗产已经失传了。汉文帝在全国范围内遍寻能够传授《尚书》的学者，结果却毫无所获。后来竟然听说济南的伏生精通《尚书》，便想召他入朝传授。但这时伏生已经九十多岁，行动不便了。在这种情况下，汉文帝便让太常使掌故晁错到济南伏生家中学习《尚书》。伏生口授《尚书》时，相传因为他年老口齿不清，曾让他的女儿羲娥代为解说。

　　当时《尚书》几近失传，为什么伏生却能够传授呢？原来当年秦始皇焚书坑儒时，伏生为了保存古代文化，便把《尚书》藏在墙壁中。后来发生了战乱，他为了避难一直流落在外。战乱平息后，他回来打开墙壁寻找原先藏匿的《尚书》，不幸的是，已经有数十篇再也找不到了，只保存下来二十九篇。汉初，伏生便是用这二十九篇《尚书》在齐鲁之间授徒讲学。学习者因此对《尚书》能够略通一二，其后几位山东大学者无一不是阅读《尚书》而受教的。

【义理揭示】

　　继承文化遗产，赓续历史文化根脉，离不开对历代文献典籍的保存和研究。中华民族从文明肇始直到今天，在漫长的历史进程中，经历了数不清的战乱和浩劫，文化命脉之所以能够绵延不断，文化元气之所以能够长久存在就是因为有像伏生这样的守护者和传承者。他们不屈从皇命，不拜服强权，努力延续着文化的道统与学统。

在疯狂的时代里，这不仅需要道德和勇气，而且更需要准确的文化判断和深邃的历史眼光。

四 察传

【原文选读】

鲁哀公问于孔子曰："乐正夔一足①，信②乎？"孔子曰："昔者舜欲以乐传教于天下，乃令重黎③举夔于草莽之中而进之④，舜以为乐正。夔于是正六律⑤，和五声⑥，以通八风⑦，而天下大服。重黎又欲益⑧求人，舜曰：'夫乐，天地之精也，得失之节⑨也。故唯圣人为能和乐之本也。夔能和之，以平天下，若夔者一而足矣。'故曰'夔一足'，非'一足'也。"

子夏之晋⑩，过卫，有读《史记》者曰："晋师三豕⑪涉河。"子夏曰："非也，是己亥⑫也。夫己与三相近，豕与亥相似。"至于晋而问之，则曰，晋师己亥涉河也。

辞多类非而是，多类是而非，是非之经⑬，不可不分，此圣人之所慎也。然则何以慎？缘⑭物之情及人之情，以为所闻，则得之矣。

（《吕氏春秋·慎行论·察传》）

注释：

①乐正夔一足：乐正夔只有一只脚。乐正，上古官职，主理乐舞之事。夔，人名，担任舜帝的乐官。

②信：真实。

③重黎：人名，亦作"重藜"，相传是颛顼的儿子，帝尧时担任天文官，负责观测大火星，以便确定农时安排农业生产。

④举夔于草莽之中而进之：从民间举荐了夔并让他担任官职。举，举荐。草莽，民间。进，出仕，做官。

⑤六律：古代十二音律分黄钟、太簇、姑洗、蕤宾、夷则、无射六个阳律，大吕、夹钟、仲吕、林钟、南吕、应钟六个阴律，故又称"十二律"为"六律"。

⑥五声：又叫"五音"，古代指宫、商、角、徵（zhǐ）、羽五个音阶。

⑦八风：八方之风，指各地民风民情。一说即"八音"，古代阴阳家将八音与八卦方位相配，故称八音为"八风"。

⑧益：增加。

⑨节：关键。

⑩子夏之晋：子夏到晋国去。子夏，孔子弟子卜商，字子夏。之，到、往。

⑪豕（shǐ）：猪。

⑫己亥：干支之一，这里指己亥日。古代用天干与地支相配，指称年、月、日、时。

⑬是非之经：是非的界限。经，界限。

⑭缘：依据，遵循。

【文意疏通】

鲁哀公有一天问孔子："舜帝时代听说有一个国家的乐师叫夔，据传他只有一只脚，是真的吗？"孔子解释道："从前舜帝想用音乐向天下老百姓传播教化，于是命令重黎从民间举荐了夔，并让他担任乐正，掌管乐舞之事。夔于是校正六律，谐和五声，天子借助音乐就很畅达地了解到各地的民情民意，因而天下归顺。后来重黎还想多找些像夔这样的人，舜却说不必了。因为在舜看来，音乐是天地间的精华，国家治乱的关键。只有圣人才能做到和谐，而和谐是音乐的根本。夔能调和音律，从而使天下安定，像夔这样的人一个就够了。意思是说真正的人才不在于数量多，哪怕只有一个也就足够了，而不是说'夔只有一只脚'。"

子夏到晋国去，经过卫国，有个读史书的人说："晋军三豕过黄河。"子夏说："不对，是己亥日过黄河。古文'己'字与'三'字字形相近，'豕'字和'亥'字相似。"到了晋国探问此事，果然是说，晋国军队在己亥那天渡过黄河。

言辞有很多似是而非，似非而是的。是非的界限，不可不分辨清楚，这是圣人特别慎重对待的问题。既然这样，那么靠什么方法才能做到慎重呢？遵循人情事理来审察所听到的传闻，就可以得到真实情况了。

【义理揭示】

从传播学来看，这篇短文似乎是在阐述如何准确传播并接受信息而不失真的问题，而从文化继承的角度来看，它更是在警醒人们，对于历史，对于传统，既不能望文生义，捕风捉影，更不能为了吸引别人注意而刻意求新，罔顾事实，故作哗众取宠之"高论"。老老实实地研究历史，回到当时的文化语境中去寻根探源，用心领会文献典籍和历史事件所蕴含的文化精神，才是继承优秀文化遗产的正途。

五 辕固正学直言

【原文选读】

　　辕固①，齐人也。以治《诗》，孝景②时为博士，与黄生争论于上前。黄生曰："汤武非受命，乃杀也③。"固曰："不然。夫桀纣荒乱，天下之心皆归汤武，汤武因天下之心而诛桀纣。桀纣之民弗为使而归汤武，汤武不得已而立，非受命为何？"黄生曰："'冠虽敝④必加于首，履⑤虽新必贯于足。'何者？上下之分也。今桀纣虽失道，然君上也；汤武虽圣，臣下也。夫主有失行，臣不正言匡过⑥以尊天子，反因过而诛之，代立南面，非杀而何？"固曰："必若云⑦，是高皇帝代秦即天子之位，非邪？"于是上曰："食肉勿食马肝，未为不知味也；言学者毋言汤武受命，不为愚⑧。"遂罢⑨。

　　窦太后好《老子》书，召问固。固曰："此家人⑩言耳。"太后怒曰："安得司空城旦书乎⑪！"乃使固入圈击彘⑫。上知太后怒，而固直言无罪，乃假固利兵⑬。下，固刺彘，正中其心，彘应手而倒。太后默默，亡以复罪⑭。后上以固廉直，拜为清河太傅⑮，疾免。

　　武帝初即位，复以贤良征⑯。诸儒多嫉毁曰固老，罢归之。时固已九十余矣。公孙弘⑰亦征，仄目而事固⑱。固曰："公孙子，务⑲正学以言，无曲学以阿世⑳！"诸齐以《诗》显贵，皆固之弟子也。

（东汉·班固《汉书·儒林传》）

注释：

①辕固：又称"辕固生"，因其为齐人，后世称其所传《诗经》为"齐诗"。

②孝景：即汉景帝。

③汤武非受命，乃杀也：这是说商汤和周武王拥有天下并非顺承天命，而是弑君篡位。汤武，商汤和周武王。受命，秉承天命。杀，此处指弑君篡位。

④敝：破旧。

⑤履：鞋子。

⑥匡过：纠正过失。匡，纠正。

⑦必若云：要是这么说。云，如此，这样。

⑧食肉句：相传马肝有毒，食之能置人于死地，如果吃肉不吃马肝，不算不知道肉的味道。这里比喻不应研讨的事不去研讨，因为"汤武受命"是一个敏感的政治问题，所以做学问如果不提"汤武受命"，也不算是傻瓜。

⑨罢：停止。

⑩家人：庶人，平民。

⑪安得司空城旦书乎：窦太后针对辕固轻《老子》，怒而贱其所治《诗》，比之于司空判决犯人的刑律。司空，古代官职，汉时主掌刑律。城旦，古代让犯人白天巡防晚上筑城的刑罚，这里用"城旦书"泛指刑书。

⑫彘：大猪。

⑬乃假固利兵：便给了辕固一把锋利的兵器。假，给。兵，兵器，武器。

⑭亡以复罪：没法再治他的罪。亡以，通"无以"。罪，动词，治罪。

⑮拜为清河太傅：任命他担任清河王的太傅。拜，授予官职。景帝四年，立皇子刘承为清河王。

⑯以贤良征：因为察举贤良而征召辕固入朝。贤良，贤良科是汉时选拔人才的科目之一。征，征召。

⑰公孙弘：汉武帝时以儒学而显达的代表人物，以平民而位至丞相，封平津侯。

⑱仄目而事固：对辕固十分敬畏，不敢正眼直视。仄目，斜着眼看，这里是心怀敬畏的表现。

⑲务：必须，一定。

⑳无曲学以阿世：不要用邪曲之学来迎合世俗。无，通"毋"，不要。阿，迎合，曲从。

【文意疏通】

辕固是齐国人。因为研究《诗经》，汉景帝时做了博士。有一天，他和黄生在汉景帝面前争论了起来。黄生说："商汤、周武王并不是顺承天命继位天子，而是弑君篡位。"辕固反驳说："不对。夏桀和商纣王暴虐昏乱，当时天下民心都归顺商汤和周武王，商汤、周武王顺从天下人的心愿而杀死夏桀和商纣王。夏桀、商纣王的百姓不肯为他们效命而心向商汤和周武王，商汤、周武王迫不得已才立为天子，这不是秉承天命又是什么？"黄生说："'帽子即使破旧也一定要戴在头上'鞋子即便再新也一定是穿在脚下。'为什么呢？因为上下有别啊！夏桀、商纣虽然无道，但是身为君主而在上位；商汤、周武王虽然圣明，却是身为臣子而居下位。君主有了过错，臣子不能直言劝谏纠正它来保持天子的尊严，反而借着他的过失而诛杀他，取代他而登上王位，这不是弑君篡位又是什么？"辕固答道："要是这么说，那么高皇帝取代秦朝而登上天子之位，在你看来是不对的了？"看他们争得面红耳赤，难分难解，汉景帝便打圆场说："吃肉不吃那有毒的马肝，并不算不知肉的美味；谈学问不谈'汤武受命'这一敏感话题，没人会说你笨。"这样，争论才算停了下来。

窦太后喜欢《老子》学说，召来辕固问他读此书的体会。辕固说:"这本书里不过是些平常言论罢了,没什么高明的见解。"窦太后听后大怒,斥责道:"你所推崇的那些刑书律法一样的儒家诗书又高明在哪里呢!"于是让辕固到兽圈里去刺杀野猪。汉景帝知道太后发怒了,而辕固直言并无罪过,就暗地里给了他一柄锋利的兵器。辕固拿着这柄利刃进到兽圈里,冲着野猪直刺而去,正中其心,野猪应声倒地。太后无语,没理由再治他的罪,只得作罢。汉景帝觉得辕固廉洁正直,后来就任命他担任清河王刘承的太傅,后因为有病而免官。

汉武帝刚即位时,又因为察举贤良而征召辕固入朝。很多儒生嫉妒诋毁辕固,说辕固老了,于是他被罢官遣归。这时辕固已经九十多岁了。他被征召时,公孙弘也被征召,对辕固十分敬畏,不敢正眼直视。辕固对他说:"公孙先生,你一定要以正直的学问论事,不要用邪曲之学去迎合世俗。"研究《诗经》有成就而仕途显贵的那些齐人,都是辕固的弟子。

【义理揭示】

学者为学,所学何事?辕固对公孙弘的寄语,或许已经告诉了人们其中的答案,那就是"务正学以直言,无曲学以阿世"。

辕固并不因为是在皇帝面前,就改变对"汤武受命"这一敏感话题的基本认识来苟且迎合,也不因为是在太后面前,就改变自己坚守儒家正统的根本立场来曲意逢迎。他的行为,体现了"学"之真义,展现了"士"之风骨。

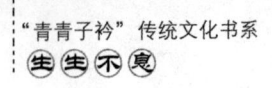

六 马钧重造指南车

【原文选读】

扶风马钧，巧思绝世①。少而游豫②，不自知其为巧也。当此之时，言不及巧，焉可以言知乎？为博士，居贫，乃思绫机之变③，不言而世人知其巧矣。其奇文④异变因感而作者，犹自然之成形，阴阳之无穷。此轮扁⑤之对，不可以言言者，又焉可以言校⑥也？

先生为给事中，与常侍高堂隆、骁骑将军秦朗争论于朝，言及指南车，二子谓古无指南车，记言之虚也。先生曰："古有之，未之思耳，夫何远之有！"二子哂⑦之曰："先生名钧字德衡，钧者器之模⑧，而衡⑨者所以定物之轻重。轻重无准而莫不模哉！"先生曰："虚争空言，不如试之易效也。"于是二子遂以白⑩明帝，诏先生作之，而指南车成。此一异也，又不可以言者也。从是，天下服其巧矣。

(《三国志·魏书二十九·方技传》裴松之注)

注释：

①绝世：超过当世人。绝，超过。

②游豫：游乐。豫，游乐，嬉戏。

③思绫机之变：即"思变绫机"，想如何改进织绫机。之，结构助词，帮助提宾。

④奇文：巧妙的花纹。文，通"纹"，花纹。

⑤轮扁：古代传说中制造车轮的巧匠，见《庄子·天道》。

⑥校（jiào）：考查，检验。

⑦哂（shěn）：讥笑。

⑧钧者器之模（mú）：陶钧是制作陶器的模具。钧，制陶器所用的转轮。模，使材料成为一定形状的工具。

⑨衡：秤杆，泛指秤。

⑩白：禀告。

【文意疏通】

三国时魏国的马钧，字德衡，是扶风人，奇巧妙想冠绝当世。在还年轻的时候，他一心冶游玩乐，并不知道自己有巧思天赋。并且那时他也从来不对人家谈到技术，又怎么谈得上有人知道他的巧技呢？后来他当了博士，生活贫困，于是就想把当时生产效率还很低的织绫机改进一下，这样一来，虽然他并没有刻意宣扬什么，人们却已经知道他是个具有奇技巧思的人了。改进以后的织绫机，可以随心所欲织出各种奇妙的花纹，看上去像是天然形成的一样，又像阴阳二气反复变化无穷。正如古代传说中制造车轮的巧匠轮扁回答别人的询问时所说的一样：那巧妙的地方是没法用言语说明的，又怎么能用言语去检验它呢？

马钧担任给事中这一官职时，有一次和散骑常侍高堂隆、骁骑将军秦朗在朝廷上争论关于指南车的事。那两人说，古代根本没有指南车，记载上的说法是虚假的。马钧说："古代是有指南车的，只是我们没有想象出它的样子罢了，哪是什么遥远的事呢！"这两个官员就起哄嘲笑他："您的名字叫马钧，字是德衡。所谓'钧'，是制作陶器的工具，而'衡'则是用来量定东西轻重的。您现在这个'衡'虽然连轻重都掂量不出来，却是没有什么不敢模制的啊！"马钧说："讲空话，瞎争论，又能解决什么问题呢？还不如试一试可以见效。"于是两人把这事报告魏明帝，魏明帝下令要马钧把指南车制作出来，后来，他就把指南车造成了。这是一件奇妙的事情，又是没法用言语说清楚的。从此之后，天下人都佩服他的技术高明了。

【义理揭示】

在科技文化、器物文化的继承和发扬中，中国历代也不乏其人，如祖冲之之于数学文化，张衡、僧一行等之于天文文化，华佗、孙思邈、李时珍等之于医学文化，等等。马钧在这方面的成就并非卓然而立者，即便如此，他所表现出的那种精神，也足以令人感佩。

一是对中国先代文化创造力的孑然自信——"古有之，未之思耳"。相信我们文化曾经有过的辉煌创造，本身就包含着对于自己作为一个文化继承者的期许。这种自我期许，是一个民族的文化能够保持源源不断的创造力的重要保证。

二是不尚空谈、敏于行动的实干精神。用行动回击嘲笑，用成果回答质疑。从马钧的故事中，我们仿佛看到了历史长河中那些通过埋头苦干来赓续文化命脉、创造文化辉煌的一个个高大身影。

七　郑玄求学

【原文选读】

郑玄字康成，北海高密人也。玄少为乡啬夫①，得休归，尝诣学官②，不乐为吏，父数怒之，不能禁。遂造太学③受业，师事京兆第五元先④，始通《京氏易》《公羊春秋》《三统历》《九章算

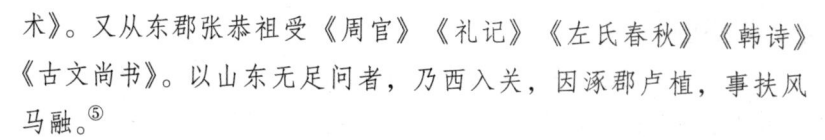

术》。又从东郡张恭祖受《周官》《礼记》《左氏春秋》《韩诗》《古文尚书》。以山东无足问者,乃西入关,因涿郡卢植,事扶风马融。⑤

融门徒四百余人,升堂⑥进者五十余生。融素⑦骄贵,玄在门下,三年不得见,乃使高业弟子⑧传授于玄。玄日夜寻诵,未尝怠倦。会融集诸生考论图纬⑨,闻玄善算,乃召见于楼上,玄因从质⑩诸疑义,问毕辞归。融喟然谓门人曰:"郑生今去,吾道东矣。"

玄自游学,十余年乃归乡里。家贫,客耕东莱⑪,学徒相随已数百千人。

(《后汉书·郑玄传》)

注释:

①乡啬夫:秦汉时乡里所置的小吏,又称乡佐,佐收赋税,兼理诉讼。

②学官:这里指学校。

③太学:古代设于京城的最高学府。

④第五元先:生平事迹不详。第五,复姓。

⑤以山句:古时称崤山、函谷关以东的地区为"山东",东汉建都洛阳,设太学于今偃师市附近,故称"山东"。涿郡,今北京市附近。扶风,东汉郡名,在今宝鸡市附近。

⑥升堂:登上厅堂,比喻学问技艺已入门。升,登。

⑦素:平素,一向。

⑧高业弟子:学业优异的学生。

⑨图纬:图谶(chèn)和纬书,是古代方士或儒生编造的关于帝王受命应验一类的书,多为隐语式的预言。

⑩质:询问。

⑪东莱:古莱子国以东称东莱,今山东龙口市附近。

【文意疏通】

　　郑玄，字康成，是汉代经学的集大成者，一生著述丰富，为中国古代文化典籍，尤其是儒家典籍的研究作出了巨大贡献。他是北海高密人，年轻时在乡里做掌管诉讼和收赋税的小吏，每逢休假回家，常常到学校里读书，而不喜欢做官吏。为此父亲多次大发雷霆，他还是禁不住自己那份求学的强烈愿望。于是来到京城太学去学习，拜京兆人第五元先为师，开始掌握《京氏易》《公羊春秋》《三统历》《九章算术》。后来又跟东郡人张恭祖学习《礼记》《左氏春秋》《古文尚书》等。因为觉得在山东没有值得求教的人，于是他往西入关，由涿郡卢植介绍，拜扶风人马融为师。

　　马融有门徒四百余人，而能够进入厅堂听他亲自讲课的仅五十余人。马融平素骄傲自负，郑玄拜在他门下，三年都不能见他一面，马融只是让自己学业优异的学生给郑玄授课。郑玄日夜探究诵习，从未有过丝毫懈怠厌倦。有一次马融召集门生研讨图纬，听说郑玄善于计算，于是在楼上召见他。郑玄趁机向马融请教各种疑难问题，问完之后就告辞回家。马融很有感触地对学生们说："郑玄现在离开了，我的学问到东方去了。"

　　郑玄自从出外游历求学，十多年才回到家乡。因为家境贫困，郑玄在东莱租种别人的土地，跟随他的学生已经有成百上千了。

【义理揭示】

　　在中华文化传承的链条中，郑玄及其著述无疑是粗壮而有力的重要一环。他不仅遍注诸经，为历史文献的保存和传播作出了杰出贡献，而且一改附会其词、无端演绎的学风，开辟了重实证、重考据、重训诂的朴素务实的学术新局面。

从这个故事中，我们可以感受到他对文化的那种发自内心的热爱。不管是弃吏术而入太学，还是去山东而西入关，都表现出一种唯学是务、唯道是求的炽热情怀。这种求学向道的热诚和执著，是个体生命之所以能够成为文化意义上的生命存在的重要因素。

八 "画字"与"写字"

【原文选读】

上世结绳而治，自伏羲画八卦，而文字兴①焉。故前人作字，谓之字画。……或篆，或隶，或楷，或行，或草②，皆当不忘画字之义③；为横，为竖，为波，为磔，为钩，为趯，当永守画字之法④。盖画则笔无不直，笔无不圆，而字之千变万化，穷工极巧⑤，从此出焉。乃后人不曰画字，而曰写字。写有二义。《说文》⑥："写，置物也。"《韵书》⑦："写，输也。"置者，置物之形；输者，输我之心。两义并不相悖⑧，所以字为心画。若仅能置物之形，而不能输我之心，则画字、写字之义两失之矣。无怪书道不成也。

字画本自同工，字贵写，画亦贵写。以书法透入于画，而画无不妙；以画法参入于书，而书无不神。故曰善书者必善画，善画者亦必善书。自来书画兼擅⑨者，有若米襄阳⑩，有若倪云林⑪，有若赵松雪⑫，有若沈石田⑬，有若文衡山⑭，有若董思白⑮。其书其画类⑯能运用一心，贯串道理⑰，书中有画，画中有书。非若后人之拘形迹以求书，守格辙⑱以求画也。米元章谓东坡为"画字"，自谓"刷字"。此不过前人等而上之⑲，精益求精之语，非谓不能写字，而竟同剔刷成字，描画成字也。

（清·周星莲《临池管见》）

注释：

①兴：产生。

②篆、隶、楷、行、草：汉字的五种字体。

③画字之义：写字的基本要义。

④为横句：这里融合了"永字八法"和日常对汉字笔画的习惯说法，认为在书写任何笔画时，都应时刻牢记书写的基本法则。磔（zhé）、趯（tì），"永字八法"中用来指汉字基本笔画中的"捺（nà）"和"钩"。

⑤穷工极巧：极端工巧。穷，极。工，精巧，巧妙。

⑥《说文》：即《说文解字》，东汉许慎著，系统阐述了汉字的造字原则和基本方法。

⑦《韵书》：是一部关于古代汉字音韵的著作，作者不详。

⑧悖：违背。

⑨兼擅：两者都擅长。

⑩米襄阳：北宋书画家米芾，字元章，号襄阳居士、海岳山人等，世称"米襄阳"。与苏轼、黄庭坚、蔡襄并称"宋四家"。

⑪倪云林：元代画家倪瓒，号云林子，世称"倪云林"，与黄公望、王蒙、吴镇合称"元四家"。

⑫赵松雪：元代书画家赵孟頫，号松雪道人。书法史上与唐代的欧阳询、颜真卿、柳公权并称"楷体四大家"。

⑬沈石田：明代书画家沈周，号石田，在画史上与文徵明、唐寅、仇英合称"吴门四家"。

⑭文衡山：明代书画家文徵明，号衡山居士，世称"文衡山"。

⑮董思白：明代书画家董其昌，号思白。

⑯类：大抵，大都。

⑰道理：这里指写字与绘画共同的本质和根源。

⑱格辙：指在写字或作文时死守的规矩或教条。

⑲等而上之：按某一等次，由此再往上，指以高标准来要求。

第三章 文化继承

【文意疏通】

清代道光年间的书画家、书法理论家周星莲结合长期的书法实践,在《临池管见》一书中表达了对中国书法文化精神的深刻理解。他认为,文字书写可追溯到远古的伏羲氏,从伏羲画卦的传说可以看出汉字与绘画的密切联系。因此,无论什么字体,不管什么笔画,书写时都应当具有像作画一样的创作心态,那就是对大千世界的美的追求。有了这种认识,经过反复练习,用心揣摩,刻苦学习,写出的字就能千变万化,极尽巧妙。后人称书写虽不叫"画字",而叫"写字",也包含着深刻的道理。根据《说文解字》和《韵书》的解释,"写"有两层含义,一是描摹万物之形状,二是抒发自我之心情,这两层意思并行不悖,所以说书法是心境流泻而形成的画卷。如果写出的字仅仅具备外部形体,而不能呈现出自我性灵和心境,就背离了"画字"或"写字"的本质,在书法之路上是不会有什么成就的。

字画同源而异流,都追求美,追求巧妙,既要能够描摹外物之形状,又要能够表现自我之心灵。书法和画法互相借鉴,交互渗透,绘画就能妙不可言,书法就能富有神韵。自古以来书法家往往也是很有成就的画家,如宋代的米芾,元代的倪瓒、赵孟頫,明代的沈周、文徵明、董其昌,莫不如此。他们的书法和绘画创作大都做到了互相贯通,彼此生发,不像后人那样将书法和绘画截然分开,死守各自的规矩,不敢越雷池半步。米芾说苏轼是"画字",而自己是"刷字",并不是自谦或贬抑别人不会写字,只知一味胡乱涂抹或拘谨描画,而是对两人书法创作以更高的标准来衡量而作出的高度评价。

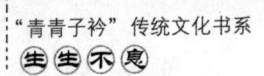

【义理揭示】

汉字既是对自然万物的精心摹画，包含了中华民族对大自然的崇敬和感激；同时又是自我心灵和性情的倾泻与书写，是龙的传人整个生命和心灵的物质再现。在汉字书写中，中国人不断体会着什么是"物我合一"，什么是"天人不二"。这是世界上任何文字书写都不具备的一种了不起的文化境界。

九 戴震善问

【原文选读】

先生①是年②乃③能言，盖④聪明蕴蓄⑤者久矣。就傅⑥读书，过目成诵，日数千言⑦不肯休。

授《大学章句》，至"右经一章"以下，问塾师："此何以知为孔子之言而曾子述之⑧？又何以知为曾子之意而门人记之？"师应之曰："此朱文公⑨所说。"即问："朱文公何时人？"曰："宋朝人。""孔子、曾子何时人？"曰："周朝人。""周朝、宋朝相去几何时⑩矣？"曰："几二千年矣。""然则⑪朱文公何以知然？"师无以应⑫，曰："此非常儿也⑬。"

（清·段玉裁《戴东原先生年谱》）

注释：

①先生：即戴震，字东原，休宁隆阜（今安徽屯溪）人，清代语言文字学家、思想家，《四库全书》纂修官，代表作有《孟子字义疏证》等。

②是年：指戴震十岁这年，即 1733 年。

③乃：才。

④盖：大概，表推测。

⑤蕴蓄：蕴藏，积累。

⑥就傅：跟随老师。就，靠近。

⑦日数千言：每天背诵几千字。言，字。

⑧此何以知为孔子之言而曾子述之：凭什么知道这些话是孔子说的，又是曾子传述下来的呢？何以，相当于"以何"，凭什么。为，是。曾子，孔子弟子曾参。述，传述。

⑨朱文公：南宋理学家朱熹，谥"文"，后世称为"朱文公"。

⑩相去几何时：相隔大约多长时间。去，距离。几，大约，差不多。几何，多少。

⑪然则：既然这样，那么……

⑫无以应：无法回答。

⑬此非常儿也：这不是一个普通孩子。非常，不寻常。

【文意疏通】

戴震十岁的时候才会说话，大概是聪明智慧需要长时间积蓄的缘故吧。跟随老师读书，看一遍就能背下来，每天背几千字还不肯停下来。

有一次，私塾里的老师教他学习《大学章句》，学到"右经一章"往后的部分时，戴震问老师："凭什么知道这些话是孔子说的，而由曾子传述下来的呢？又是凭什么知道是曾子的意思，而由他的学生记录下来的呢？"老师回答他说："这是宋代大儒朱熹说的。"他马上问道："朱文公是什么时候的人？"老师回答说："他是宋朝人。"戴震接着问道："那么孔子和曾子是什么时候的人？"老师

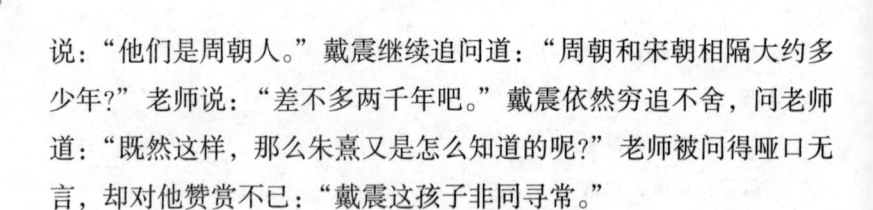

说:"他们是周朝人。"戴震继续追问道:"周朝和宋朝相隔大约多少年?"老师说:"差不多两千年吧。"戴震依然穷追不舍,问老师道:"既然这样,那么朱熹又是怎么知道的呢?"老师被问得哑口无言,却对他赞赏不已:"戴震这孩子非同寻常。"

【义理揭示】

戴震善问,最可贵的就是质疑精神。

孟子曾经说过:"尽信书,则不如无书。"在文化继承过程中,质疑精神极为宝贵。没有质疑,说明没有深究,浮光掠影地学习,怎能担当文化继承的重任?没有质疑,就没有辨析,怎能得历史之真,传文化之神?没有质疑,就没有发现,又怎能推陈出新,有所创造呢?

十 李凤林兴学

【原文选读】

光绪末,济南有李凤林者,生而贫,为车夫以自给①。顾②性至孝,痛父母早亡,每与人言,辄流涕沾襟。继与其伯母杨氏同居,事杨如母,每出推车,必怀甘旨③归,以奉伯母。伯母亦钟爱之,劬劳④不啻⑤所生。

李虽目不识丁,然热心学务,尝以车资别储一分,缩减口腹,助购买学校用品,以奖学生之勤学者。某年冬,曾备书籍、笔墨等物,捐助济南西关简字学堂⑥。后又捐备草帽、纸扇种种,以供奖品。事为山东提学使罗正钧所闻,大奖许⑦之。

及夏，李目睹无教育者之多，风气之闭塞也，乃创宣讲所。应用物品均备，顾难得讲师，乃亲跪请宣讲员沈公臣、张玉生等五人，每月按三、六、九日，分班莅⑧所宣讲。跪与要约⑨，且曰："君辈既邃⑩于学，宜出其绪余⑪，以智众庶。众皆成材，以捍卫国家，御外侮，否则横目蚩蚩⑫，不明理，国安赖乎？"言时，泪涔涔下。张沈等诺，李复为众叩谢。以诸事既办，惟须官保护，乃赴巡警道署，禀请立案出示保护。又于府学门前独创简字学堂，即以车资捐充常年经费，堂内诸事悉完备。其伯母杨氏，亦出十数年来昼夜纺织或为人佣作针黹⑬所得资，备办学堂应用器具。然仍有余，乃交绅者⑭为之经理，以备不足之需。亦禀县存案。县令批奖之，并给李凤林"见义勇为"、杨氏"急公好义"匾字各一方。

（选自清·徐珂《清稗类钞》）

注释：

①自给（jǐ）：靠自己劳动养活自己。给，供应。

②顾：不过，连词。

③甘旨：美味的食品。旨，美味。

④劬（qú）劳：劳累，劳苦。

⑤不啻（chì）：不止，如同。

⑥简字学堂：近代一种新式学堂，目的在于普及教育、开发民智。

⑦许：称赞。

⑧莅（lì）：到。

⑨要约：邀约，邀请。

⑩邃：精深。

⑪绪余：抽丝后留在蚕茧上的残丝。此指学问之剩余者。

⑫蚩蚩：无知的样子。

⑬针黹（zhǐ）：针线活。

⑭绅者：指地方上有势力、有地位的人。

【文意疏通】

清朝光绪末年，济南有一位虽家贫却以兴办义学为己任的李凤林。李凤林的父母很早就过世了，家里很穷，只能靠做车夫来维持生活，但他为人品性醇厚，极有孝道，只要和别人谈到父母，总是双泪涟涟，悲伤不已。后来他与伯母杨氏一起住，把伯母当作亲娘来侍养，每次出去给人拉车，一定要带回来好吃的东西孝敬伯母。而伯母杨氏也非常疼爱他，待他如同自己的亲生儿子。

李凤林虽然不识字，但对教育却非常热心。他把拉车所得的车费单独储存起来一部分，自己省吃省喝，帮助购买学校里的用品，奖励那些刻苦勤学的好学生。有年冬天，他准备好书籍、笔墨等学习用品，捐助济南西关的简字学堂。后来又捐献了草帽、纸扇等物品，预备给学校作奖品。他的善行义举受到山东提学使罗正钧的大力赞许。

到了第二年夏天，李凤林看到没有机会接受教育的人实在太多了，社会风气也因此而不够开化，于是决心创办宣讲所。经过艰苦努力，所有应用物品终于准备齐全了，但是讲课的老师却很难请。他于是找到沈公臣、张玉生等五位宣讲员，跪求他们每月逢三、六、九的日子轮流排班到宣讲所讲学。他跪着邀请他们说："先生们学问已经十分精深了，应该发挥你们的作用，让普通百姓也开明起来。众人都成材了，才能捍卫国家，抵御外侮，否则两眼一抹黑，愚昧无知，不明事理，国家还能有什么指望呢？"说着说着，两行热泪刷刷地流下来。张玉生、沈公臣等人被他感动，答应前去讲学，李凤林又替众人对他们叩头表示感谢。他认为，所有这些事情办妥后，还需要官府出面保护，宣讲所才能平安无事地办下去，于是就跑到巡警署和道府衙门寻求保护。他又在官府所办的学堂门前创办了一所简字学堂，用拉车所得来捐助提供学堂所需的常年经费，在他的勉力支撑下，学堂里该有的东西、该做的事情都有着落。他的伯母杨氏也拿出十几年来没日没夜纺纱织布或给人做针线活所得的积蓄，备办学堂里的必需品。多余的钱款，就交给地方士绅管理，以备物资不足时可以及时置办。他创办的简字学堂也上报县衙存档备案。县令批示嘉奖他，并分别给李凤林和杨氏题写了"见义勇为"和"急公好义"的牌匾。

【义理揭示】

李凤林兴学，彰显的是文化继承中普通民众的力量。在国势日下、民智未启的情况下，李凤林虽然自己目不识丁，却懂得文化的力量，懂得开启民智之重要。

从某种意义上来讲，李凤林的捐资兴学，比起达官贵人的毁家纾难之举，其文化意义更为深刻。从他身上，我们不仅看到了黎民百姓对文化的期许与信念，更切实感受到了那句"天下兴亡，匹夫有责"的铮铮训告的沉甸甸的分量。

文化倾听

在这一章里，我们编选了关于"文化继承"的故事。这些故事的主人公，有古代圣贤，有历代学者，有科学家、发明家，还有社会底层的普通民众。从中我们不难看出，在中华文化绵延流传的历史进程中，文化继承并不是局限在哪一个阶层或哪一个领域里，而是这个文化传统和文化谱系里所有人共同的志业。中华文化之所以能够成为唯一没有中断的文明类型，与这一点有很大的关系。

回顾这些传统故事，我们会发现，中国古人从很早就有文化自觉的意识。什么是文化自觉？根据著名学者费孝通的说法，所谓文化自觉，就是对文化的自我觉醒、自我反省和自我创建，它指的是生活在一定文化历史圈子的人对其文化有自知之明，并对其发展历程和未来有充分的认识。在《"画字"与"写字"》中，周星莲非常精确地揭示了作为表意文字的汉字的特质，而这恰恰是汉字与其他文字类型（如以英语为代表的表音文字）的重要区别。字为心画，字画同源，作为文明传承重要载体的文字，就如此充满诗情画意，这种文化上的自我觉醒，其中包含着多么强烈的自豪感和自信心啊。这种自豪感和自信心，同样表现在当同僚对"古有指南车"表示质疑时，马钧那句"古有之，未之思耳，夫何远之有"的从容而又坚定的回答中。

一般来说，文化自觉往往在文化交流与碰撞的过程中才更容易得到凸显。而从本章所选的故事中，我们看到，我们民族的文化自觉，在传统意义上（这与现代意义上的文化自觉相区别）更多的是来自于对文化自身的内省。不管是《察传》中对"夔一足"的阐释中所彰显出的对礼乐功能的自觉追求，还是《"画字"与"写字"》对汉字文化诗性特质的本质认识，都带有鲜明的内省色彩。因为阐释就是一种文化价值的发现，就是一种文化意义的建构。在这样的文化自省的过程中，我们不仅发现了我们民族文化的价值取向,而且不断建构起我们民族文化的整体意义,勾勒出了我们民族文化发展的基本取向和发展轨迹。

《中庸》开篇就讲道:"天命之谓性,率性之谓道,修道之谓教。"崇文重教,是中华民族文化传统中至关重要的一个特征,也是中华文化之所以能够代代传承、历久不衰的重要原因。《学记》中就有记载,"古之教者,家有塾,党有庠(xiáng),术(suì)有序,国有学"。这种对文化教育的重视,既体现在官方,也表现在民间。《郑玄求学》中的"太学"就是朝廷所设的最高学府,《辕固正学直言》里的辕固生,就是太学中设立的专授《诗经》的博士。考之历史,这种官立学府从夏代可能就已具雏形,在人类历史上,这是无与伦比的。除此之外,从《李凤林兴学》的故事中,我们又能够认识到一般百姓对文化教育的普遍重视,而这绝对不是个例。民间"敬惜字纸"的传统,"化纸炉"这类器物文化,都充分体现出我们民族自上而下对文教事业发自内心的崇敬之情。

有"教"就有"学"。我们民族文化传统对"学"的重视,恐怕是任何其他民族都无法相比的。流传至今的很多文化典籍,如《论语》,如《荀子》,等等,都是开篇就讲"学"的重要性。至于劝学、力学、苦学、乐学、奖学、助学的故事、名言,更是多得不可胜数。《郑玄求学》等都是显例,毋庸多言。关键是我们在阅读这些故事的时候,要弄清楚,在"学"中最重要的是什么。不管是《孔子学琴》,还是《辕固正学直言》,其实都告诉我们,为学应当志于求道。什么是"道"?从某种意义上来说,"道"就是正常的人性,为学就是让人成为堂堂正正的人,因为"人之异于禽兽者几希",为学最重要的就是锻炼人性,提升自我,而不单单是学习技能技巧。孔子学琴,如果仅仅为了弹得熟练一些,掌握弹琴的技能技巧的话，就不会在师襄的一再催促下依然"不进"了。他之所以"久而不进"，反复弹奏那一支曲子，是因为他对学习的要求更高，他不仅要"得其数"，而且还要"得其志"，进而"得其为人"，在学习中与先代贤哲实现心灵的沟通、精神的对接。这才称得上是真正意义上的"学"，也只有这样的为学，才能担当起文化继承的使命。

既然为学应当"志于道"，那么为学者就必然要有对"道"的担当，自觉地成为"道"的守护者和实践者。因为对文化的继承不应该仅仅停留在书本上，停留在学问里，而是应该表现在文化历史进程中每一个生命个体的文化行为中。当文化根脉命悬一线时，伏生"壁藏《尚书》"的行为是对"道"的担当；面对皇帝与"太后"，辕固能够坦陈己见，不苟且迎合，也是一种对"道"的担当。这些人，正是在对"道"的担当中，肩负起了文化继承的使命。

文化传递

文化表现为一个民族、一个文化共同体成员的生活方式和思维方式。对文化的继承，在很大程度上就体现在文化共同体成员对生活、工作和思维方式的选择和偏好。比如作为汉字的重要书写工具的毛笔，在文化生活中就占据极为重要的地位，我们应该怎样认识它的意义和价值呢？当代著名红学家周汝昌先生有一篇文章《笔墨是宝》，带给我们许多超越工具意义的思考。

他认为，中国文化除了指南针、造纸术、火药、印刷术"四大发明"之外，还应该加上毛笔。这样算来，中国对人类文明的贡献就有"五大"。而在这"五大"中，毛笔代表了人类的最高智慧。

毛笔，又名"柔翰"，韩愈有一篇妙趣横生，同时又颇能寄托怀抱的散文——《毛颖传》，可以帮助我们更深入地了解它。周汝昌先生认为，中国文化艺术正是因为有了毛笔这一独特的书写工具，才能够呈现出"生动的气韵、遒媚的点画、高深的境界"，汉字的形态、结体、书写方法、实用功能、艺术效果，同样因为毛笔，才能够充分地表达出它独具的精神面貌。而中国文献的各种形态，如书卷、本册、简札等，其独特的形制，也取决于毛笔这一独特的书写工具。可以这么说，中国文化艺术的精神面貌之所以与西方文化艺术不同，归根结底取决于毛笔的奇妙独特的性能和功用，而这是西方人永远也不可能领会到的。

周先生认为，毛笔不仅呈现了中国文化艺术的精神面貌，而且还推动了中国文化艺术的发展。从文化的意义上来看，毛笔不仅是文化表现的工具，而且还是文化艺术的本体。它不是外在于文艺创作者的，而是与文豪艺匠的精神气脉紧密相连，与他们的生命、灵魂血肉相连的有机组成部分。否则，它就不可能表现出使用者个人千变万化的不同气质、性情、意志，乃至于精神世界和生活态度。

周先生进一步指出，"四大发明"的提法，是以西方文化为参照而提出来的。它们之所以认同"四大发明"，而无法承认"五大"发明，归根结底在于它们只能停留在科技文化这一层面来评价中国文化；而毛笔，作为一种文明的创造物，已经超越科技与实用的层面，达到哲思情理的层面，而这一层面，是西方人不可能进入的，因此他们也永远不可能理解。

周汝昌先生对于毛笔这一书写工具的文化价值的阐述，不仅深化了我们的认识，而且让我们鲜明地感受到，一位长期浸润于中华文化的学术大师，对中华文化精神的深刻理解、由衷热爱和发自内心的自豪感。

文化感悟

1. "文化倾听"对《曾子耘瓜》和《戴震善问》这两则文化故事没有涉及，你认为这两则故事体现出了怎样的文化精神？其在文化继承中有什么意义？

2. 本章有好几个古人为学的故事。类似的故事当然还有很多，有些是同学们都知道的，还有不少则是同学们所不知道的。不妨和同学分小组搞一次"讲故事·解故事"比赛，看哪个小组能够讲出更多让同学们感到新鲜的为学故事，看哪个小组能够对一个故事作出更多角度且言之成理的阐释和解读。

第四章　文化弘扬

文化典籍

一　孔子困于陈蔡

【原文选读】

孔子迁于蔡三岁，吴伐陈。楚救陈，军①于城父。闻孔子在陈蔡之间，楚使人聘②孔子。孔子将往拜礼，陈、蔡大夫谋曰："孔子贤者，所刺讥皆中诸侯之疾③。今者久留陈、蔡之间，诸大夫所设行④皆非仲尼之意。今楚，大国也，来聘孔子。孔子用于楚，则陈、蔡用事大夫⑤危矣。"于是乃相与发徒役⑥围孔子于野。不得行，绝粮⑦。从者病，莫能兴⑧。孔子讲诵弦歌⑨不衰。子路愠见曰："君子亦有穷乎？"孔子曰："君子固穷⑩，小人穷斯滥矣⑪。"

子贡色作⑫。孔子曰："赐，尔以予为多学而识之者⑬与？"曰："然。非与？"孔子曰："非也。予一以贯之。"

孔子知弟子有愠心，乃召子路而问曰："《诗》云：'匪兕匪虎,率彼旷野⑭'。吾道非邪?吾何为于此?"子路曰:"意者吾未仁邪⑮?人之不我信也。意者吾未知邪?人之不我行也。"孔子曰:"有是乎!由,譬使仁者而必信,安有伯夷、叔齐⑯?使知者而必行,安有王子比干?"

子路出,子贡入见。孔子曰:"赐,《诗》云:'匪兕匪虎,率彼旷野'。吾道非邪?吾何为于此?"子贡曰:"夫子之道至大也,故天下莫能容夫子。夫子盖少贬焉⑰?"孔子曰:"赐,良农能稼而不能为穑⑱,良工能巧而不能为顺。君子能修其道,纲而纪之,统而理之,而不能为容。今尔不修尔道而求为容。赐,而⑲志不远矣!"

子贡出,颜回入见。孔子曰:"回,《诗》云:'匪兕匪虎,率彼旷野。'吾道非邪?吾何为于此?"颜回曰:"夫子之道至大,故天下莫能容。虽然,夫子推而行之,不容何病⑳?不容然后见君子!夫道之不修也,是吾丑㉑也。夫道既已大修而不用,是有国者㉒之丑也。不容何病?不容然后见君子!"孔子欣然而笑曰:"有是哉,颜氏之子!使尔多财,吾为尔宰。"

于是使子贡至楚。楚昭王兴师㉓迎孔子,然后得免。

(《史记·孔子世家》)

注释:

①军:军队临时驻扎。

②聘:延请。

③刺讥皆中诸侯之疾:刺讥,指责。疾,弊端。

④设行:指施政。

⑤用事大夫:当权的大夫。用事,当权。

⑥徒役：服劳役的人。

⑦绝粮：粮食吃光了。绝，断，尽。

⑧兴：站起。

⑨弦歌：指礼乐教化、学习诵读。

⑩固穷：处境艰难时仍能坚守品格。穷，走投无路，困厄。

⑪小人穷斯滥矣：没修养的人处境艰难时就为所欲为了。小人，这里指没修养的人。斯，就。滥，不加节制，为所欲为。

⑫子贡色作：子贡变了脸色。子贡，孔子弟子，姓端木，名赐。

⑬多学而识之者：博学强记的人。

⑭"匪兕匪虎……旷野"：这两句诗见《诗经·小雅·何草不黄》。兕(sì)，犀牛。率，行走。

⑮意者吾未仁邪：想来大概是我们的仁德还不够吧。意者，想来。者，表停顿，无意义。

⑯譬使仁者而必信，安有伯夷、叔齐：假使有仁德的人就一定被信任，怎么会有伯夷、叔齐这样的人呢。信，被信任。伯夷、叔齐，商周之际的隐士。

⑰夫子盖少贬焉：先生何不稍微降低一下对道的要求呢。盖，通"盍"，何不。贬，降低。

⑱良农能稼而不能为穑：好农夫能种好庄稼，却不能保证有收成。稼，耕种。穑，收获。为，强求。后面的"不能为顺"意为不能强求合乎人们的趣味，"不能为容"意为不能强求被人们所容纳。顺，合。

⑲而：通"尔"，你。

⑳不容何病：不被接受有什么关系呢。

㉑丑：耻辱。

㉒有国者：享有国家的人，即国君。

㉓兴师：调动军队。

【文意疏通】

孔子迁居到蔡国三年，吴国攻打陈国。楚国救援陈国，军队驻扎在城父。听说孔子住在陈国和蔡国的边境上，楚国便派人去聘请孔子。孔子正要前往拜见接受聘礼，陈国、蔡国的大夫商议说："孔子是位有才德的贤人，他所指责讽刺的都切中诸侯的弊病。如今长久地停留在我们陈国和蔡国之间，大夫们的所作所为都不合仲尼的意思。如今的楚国，是个大国，却来聘请孔子。如果孔子在楚国被重用，那么我们陈、蔡两国掌权的大夫们就危险了。"于是他们就派了一些服劳役的人把孔子围困在野外。孔子和他的弟子无法行动，粮食也断绝了。跟从的弟子饿病了，站都站不起来。孔子却还在不停地给大家讲学。子路很生气地来见孔子，对孔子说："君子也有困窘的时候吗？"孔子说："君子在困窘面前能坚守节操而不动摇，小人遇到困窘就会不加节制，什么过火的事情都做得出来。"

这时子贡的脸色也变了。孔子说："赐啊，你认为我是博学强记的人吗？"子贡回答说："是的。难道不对吗？"孔子说："不是的。我是用一种基本原则贯穿于全部知识之中的。"

孔子知道弟子们心中不高兴，便叫来子路、子贡和颜回这三个学生，提出同一个问题来和他们交流，但三个人的回答却不一样。

孔子的问题是："《诗经》上说：'不是犀牛也不是老虎，然而它却徘徊在旷野上。'难道是我们学说有什么不对吗？我们为什么会落到这种地步呢？"子路说："想必是我们的仁德还不够吧？所以人家不信任我们。想必是我们的智谋还不够吧？所以人家不放我们通行。"孔子说："有这样的话吗？仲由啊，假使有仁德的人必定能使人信任，哪里还会有伯夷、叔齐饿死在首阳山呢？假使有智谋的人就能畅行无阻，哪里会有王子比干被剖心呢？"

子路退出，子贡进来见孔子。对孔子的问题，他是这样回答的："老师的学说博大到极点了，所以天下没有一个国家能容纳老师。老师何不把您的学说和主张稍微降低一些呢？"孔子说："赐啊，好的农夫虽然善于耕种，但他却不一定有好的收获；好的工匠虽然有精巧的手艺，但他的作品却未必能使人们都称心如意。有修养的人能精研自己的学说，施之于天下，就像一张网一样，做到纲举目张，统整天下。但这样的学说不一定被世人所接受。现在你不去研修自己的学说，反而想降格来苟且迎合。赐啊，你的志向太不远大了。"

对这同一个问题，颜回说："老师的学说博大到极点了，所以天下没有一个国家能容纳老师。虽然是这样，老师还是要推行自己的学说，不被天下接受又有什么关系呢？不被接受，这样才能显示出君子的本色！一个人不研修自己的学说，那才是自己的耻辱。至于学说不被人所用，那是当权者的耻辱了。不被天下接受又有什么关系呢？不被接受，这样才能显出君子的本色！"孔子听了欣慰地笑着说："是这样的啊，颜家的年轻人！假使你有很多钱财，我愿意给你做管家。"

于是孔子派子贡到楚国去。楚昭王调动军队来迎接孔子，这才免除了这场灾祸。

【义理揭示】

当困处陈、蔡之间时，子路产生了对"夫子之道"的怀疑，而子贡则是建议孔子降格以求，唯有颜回高自标持，坚信君子应该秉持道义，修身求道，不肯因客观境遇的顺逆而改变对道的追求，因此受到孔子的盛赞。

从困于陈、蔡的孔子及其弟子身上，我们看到了坚守的力量。人之处世，有穷通顺逆之别，能够在困厄艰难时依然不改初衷，不仅是人格自信、道德自信、生命自信的重要体现，也是优秀传统和高贵精神能够避免失落而得以代代流传的重要原因。

二 鲁人学柳下惠

【原文选读】

鲁人有独处室者，邻之嫠妇①亦独处一室。夜，暴风雨至，嫠妇室坏，趋而托焉。鲁人闭户而不纳，嫠妇自牖②与之言："子何不仁而不纳我乎？"鲁人曰："吾闻男女不六十不同居，今子幼，吾亦幼，是以不敢纳尔也。"妇人曰："子何不如柳下惠③然？妪不逮门之女④，国人不称其乱。"鲁人曰："柳下惠则可，吾固⑤不可。吾将以吾之不可，学柳下惠之可。"

孔子闻之曰："善哉！欲学柳下惠者，未有似于此者。期于至善而不袭⑥其为，可谓智乎！"

(三国魏·王肃注《孔子家语·好生》)

注释：

①嫠(lí)妇：寡妇。

②牖(yǒu)：窗户。

③柳下惠：春秋时期鲁国大夫展禽，其封地为柳下，谥惠，故称柳下惠。传说他曾遇到一名无家女子，怕她冻伤，就用衣服裹着让她坐在自己怀里，整夜都无淫乱行为。

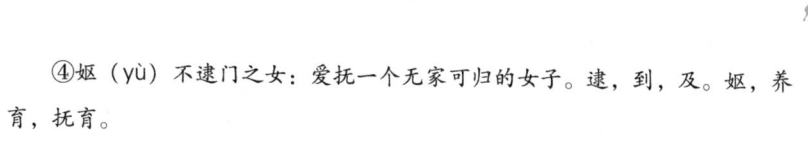

④妪（yù）不逮门之女：爱抚一个无家可归的女子。逮，到，及。妪，养育，抚育。

⑤固：一定，必定。

⑥袭：因袭，照样做。

【文意疏通】

有位鲁国人是单身，邻居住的是一个寡妇。一天晚上，暴风雨突然来袭，把寡妇的房屋淋坏了，她跑到鲁国人门前，希望能到他房子里躲避风雨。可这位鲁国人却紧闭房门不让她入内，寡妇在窗外和鲁国人说："你怎么这么没有同情心？竟然不让我进屋躲躲雨。"鲁国人说："我听说男女不到六十岁不能同处一室。现在你很年轻，我也很年轻，因此不敢让你进屋。"寡妇说："你为什么不能像坐怀不乱的柳下惠那样呢？关爱一个无家可归的女子，人们不会认为你淫乱的。"鲁国人说："柳下惠那样做可以，对于我来说却绝对不可以。我要用不可以那样做的方式，来学习柳下惠那样做所体现出的品格。"

孔子知道这件事后，对这位鲁国人赞不绝口："好啊！想学柳下惠的人，没有像他做得这么好的。有心向至善之人学习，却又能不盲目因袭他的行为，可称得上是智者了！"

【义理揭示】

真正了解自己的人，是有智慧的聪明人。鲁国男子能客观反思自己，不仅知道自己的处境，而且知道自己的不足，不是刻板地学习柳下惠的行为，而是去效法柳下惠的品格，宁可闭门不纳，也不允许有非礼之事发生的机会。这既维护了妇人的名节，也维护了自己的品德,进而影响到整个社会的风气,这就是对优秀精神的弘扬。

见贤思齐是为善,见贤而能思其所以贤,则更为难能可贵。师其精神而弃其皮毛,在继承和弘扬优秀文化中至关重要。

三 炳烛而学

【原文选读】

晋平公问于师旷[①]曰:"吾年七十,欲学,恐已暮[②]矣。"师旷曰:"何不炳烛[③]乎?"平公曰:"安有为人臣而戏[④]其君乎?"

师旷曰:"盲臣[⑤]安敢戏其君?臣闻之,少而好学,如日出之阳;壮而好学,如日中之光;老而好学,如炳烛之明[⑥]。炳烛之明,孰与昧行乎[⑦]?"

平公曰:"善哉!"

(西汉·刘向《说苑·建本》)

注释:

①晋平公问于师旷:晋平公,春秋时晋国国君。师旷,晋国的乐师。师,乐师。旷,乐师名。

②暮:晚,迟。

③炳烛:点上蜡烛照明。炳,点燃。

④戏:戏弄。

⑤盲臣:师旷自称。师旷是一位盲乐师,故自称"盲臣"。

⑥炳烛之明:点燃蜡烛放出的光明。

⑦孰与昧行乎:比摸黑走路哪个好呢?孰与,与……相比,哪个……。昧

行，在黑暗中行走。昧，暗。

【文意疏通】

晋平公向师旷询问道："我年纪七十了，想学习，恐怕已经晚了。"师旷说："为什么不点燃蜡烛学习呢?"晋平公说："哪有做臣子的却戏弄他的君王的呢?"

师旷说："盲眼的我怎么敢戏弄大王呢？我听说，年轻时喜欢学习，好像初升的太阳；壮年时喜欢学习，好像正午的阳光；老年时喜欢学习，好像蜡烛照出的光亮。点燃蜡烛得到的光亮，与摸黑走路相比，哪一个更好呢？"

晋平公说："你说得好啊！"

【义理揭示】

师旷与晋平公的对话，清楚地揭示了为学的意义。

人而不学，就如同摸黑走路，看不清道路，辨不出方向。道路和方向是什么？就是历代积累的人生经验和公共价值。通过学习，获得这些经验和价值，既是对历代文明成果的继承，又能够使自己尽快明白，怎样才能对自我、对社会、对国家、对历史更有意义，更有价值。如果不能够认真学习，就辨不明是非真假，分不清善恶美丑，这样活着，与摸黑走路有什么区别呢？

四 宣文君授《周礼》

【原文选读】

韦逞母宋氏，不知何郡人也，家世以儒学称。宋氏幼丧母，其父躬自养之。及长，授以《周官》①音义，谓之曰："吾家世学《周官》，传业相继，此又周公所制，经纪典诰，百官品物，备于此矣。吾今无男可传，汝可受之，勿令经失。"属②天下丧乱，宋氏讽诵③不辍。

其后为石季龙④徙之于山东，宋氏与夫在徙中，推鹿车⑤，背负父所授书，到冀州，依胶东富人程安寿，寿养护之。逞时年小，宋氏昼则樵采，夜则教逞，然纺绩⑥无废。寿每叹曰："学家多士大夫，得无⑦是乎！"逞遂学成名立，仕苻坚为太常。

坚尝幸其太学，问博士经典，乃悯礼乐遗阙⑧。时博士卢壹对曰："废学既久，书传零落。此年缀撰，正经粗集⑨，唯《周官礼注》未有其师。窃见太常韦逞母宋氏世学家女，传其父业，得《周官》音义，今年八十，视听无阙，自非此母无可以传授后生。"于是就宋氏家立讲堂，置生员百二十人，隔绛纱幔而受业，号宋氏为"宣文君"，赐侍婢十人。《周官》学复行于世，时称韦氏宋母焉。

（选自《晋书·列女传·韦逞母宋氏传》）

注释：

①《周官》：书名，即《周礼》，汉代原称《周官》，西汉末年刘歆始称《周礼》。

②属：连续不断。

③讽诵：朗读，诵读。

④石季龙：即十六国时期后赵武帝石虎（295—349），字季龙，羯族。

⑤鹿车：也称轳辘车，即独轮车。

⑥纺绩：纺纱织布。绩，织。

⑦得无：恐怕，莫非，表揣测的固定语。

⑧遗阙：遗失或缺漏。阙，通"缺"。

⑨此年缀撰，正经粗集：经过这几年的编撰缀补，经书已大致搜集起来了。正经，指立于官学的经书。

【文意疏通】

前秦太常韦逞的母亲宋氏，出身于一个儒学世家。宋氏幼年丧母，由父亲一手抚养。到她渐渐长大的时候，父亲传授给她《周官》音义，并嘱咐她说："我们家一直学习《周官》，世代相传，没有中断过。《周官》是周公制定的，对于古代的典章制度、职官情况，书中都讲得非常完备。我没有儿子，现在把它传授给你，希望你不要让它失传。"当时战乱频仍，然而宋氏跟着父亲刻苦学习《周官》，每天诵读，从不间断。

后来，后赵武帝石虎发布移民令，她家被迁移到崤山以东。在迁徙过程中，宋氏和她丈夫一起推着独轮车，虽路途艰难，但她始终背负父亲所授之书。到冀州后，投靠在胶东富人程安寿门下。韦逞当时年龄尚小，宋氏就白天打柴，晚上一边教韦逞读书，一边纺纱织布。宋氏母子如此用功令程安寿非常感动，他常常感叹道："勤奋好学的人家往往会出士大夫，这户人家恐怕会如此吧。"韦逞后来果然学业有成，在前秦苻坚在位时做了太常。

有一天，前秦国君苻坚视察太学，为没有开设礼乐这门课程感到遗憾。博士卢壶对苻坚说："经过战乱，各门课程已大体恢复，唯独礼乐，我找不到懂《周官》的教授，所以没有开设。我发现太常韦逞的母亲，传其父业，精通《周官》音义，虽然已是八十高龄，但耳不聋，眼不花，除了她恐怕就没有人可以教授这门学问了。"苻坚听后，就请韦逞的母亲在家里设讲堂，选派一百二十名太学生跟她学习，宋氏在家中设置了一幅绛红色的纱幔，师生隔着纱幔讲学听课。为表示对她的尊重，苻坚特地下令给宋氏赐号"宣文君"，还赐给她十个侍奉丫鬟。于是，《周官》这门学问在世间又流传开来了，当时人们都称道说这是宋氏的功劳。

【义理揭示】

　　弘扬传统，传播文化，在中国漫长的古代社会里，很难见到女子的身影。这则故事则让我们看到，当礼乐文化后继乏人之际，顺应时势承担起这一历史使命的，恰恰就是韦逞的母亲这样的女子，她也因此赢得了"宣文君"的称号。

　　宣文君之所以能够担当起这一历史重任，关键有二：一是宋父的文化意识，虽处乱世也不忘世业；二是宋氏的执着精神，虽在流亡之中也背负父亲所授之书，无时或忘。刀剑交鸣中宋氏讽诵的声音，和她在艰难跋涉中负书前行的身影，千载而下，让人感受到了乱世中的诗意、黑暗中的光明和绝境中的希望，这就是文化的力量。

五　范滂与苏轼

【原文选读】

　　范滂，字孟博，汝南征羌[①]人也。少厉[②]清节，为州里所服，举孝廉、光禄四行[③]。时冀州饥荒，盗贼群起，乃以滂为清诏使，案察[④]之。滂登车揽辔[⑤]，慨然有澄清天下之志。及至州境，守令自知臧污[⑥]，望风解印绶[⑦]去。其所举奏，莫不厌塞[⑧]众议。

　　建宁二年，遂大诛党人。诏下急捕滂等。督邮[⑨]吴导至县，抱诏书，闭传舍⑩，伏床而泣。滂闻之，曰："必为我也。"即自诣狱⑪。县令郭揖大惊，出解印绶，引⑫与俱亡。曰："天下大矣，子何为在此？"滂曰："滂死则祸塞⑬，何敢以罪累君，又令老母流离乎！"其母就与之诀⑭，滂白母曰："仲博孝敬，足以供养，滂从龙舒君⑮归黄泉，存亡各得其所。惟⑯大人割不可忍之恩，勿增感戚。"母曰："汝今得与李杜⑰齐名，死亦何恨⑱！既有令名⑲，复求寿考⑳，可兼得乎？"滂跪受教，再拜而辞。顾谓其子曰："吾欲使汝为恶，则恶不可为；使汝为善，则我不为恶。"行路闻之，莫不流涕，时年三十三。

（南朝宋·范晔《后汉书·党锢列传》）

苏轼，字子瞻，眉州眉山人。生十年，父洵游学四方，母程氏亲授以书，闻古今成败，辄㉑能语其要。程氏读东汉《范滂传》，慨然太息㉒。轼请曰："轼若为滂，母许之否乎？"程氏曰："汝能为滂，吾顾㉓不能为滂母邪！"

（选自《宋史·苏轼传》）

注释：

①汝南征羌：郡县名。

②厉：磨炼。

③孝廉、光禄四行：汉代选拔官员时授予的功名。光禄四行，须具备敦厚、质朴、逊让、节俭四种品行。

④案察：查处。案，查究。

⑤揽辔（pèi）：挽起马缰。辔，驾驭牲口的嚼子和缰绳。

⑥臧污：贪污。臧，通"赃"，贪污受贿。

⑦印绶：系官印的丝带，借指官爵。绶，丝质带子。

⑧厌塞（sāi）：压倒，镇住。

⑨督邮：汉代各郡的重要属吏，代表太守督察县乡、宣达政令兼司法等。

⑩传舍：驿馆，供外交使节和传递政府文书者休息的地方。

⑪诣狱：投案。诣，前往。

⑫引：拉，拽。

⑬塞：消弭，平息。

⑭诀：辞别，多指不再相见的分别。

⑮龙舒君：范滂的父亲范显曾担任龙舒侯的相，故尊称为龙舒君。

⑯惟：愿，希望。

⑰李杜：指东汉末年的名士李膺、杜密，二人在士人阶层有极高声望。

⑱恨：遗憾。

⑲令名：美名。令，美好。

⑳寿考：长寿。考，老。

㉑辄：总是，常常。

㉒太息：叹息。

㉓顾：反而，却。

【文意疏通】

东汉末年有一位名士范滂，字孟博，是汝南征羌人。他从年轻时就砥砺清高的名节，为州里人所推服，被举荐为孝廉、光禄四行。当时冀州发生饥荒，饥民们纷纷起来造反，于是朝廷让范滂担任清诏使，到冀州查明情况。范滂走马上任，慷慨激昂，有澄清天下的远大志向。等到了冀州境内，那些贪污受贿的太守县令自知难逃其咎，于是纷纷离职逃跑。范滂所弹劾上奏的那些贪官污吏的罪状，无一不让人们心服口服。

汉灵帝建宁二年，开始大范围诛杀党人。朝廷下达诏令，紧急逮捕范滂等人。汝南郡的督邮吴导奉命前去捉拿范滂。到了征羌的驿舍里,他关上门,抱着诏书趴在床上直哭。范滂听到这件事后,便说:"我知道督邮一定是因为不愿意抓我才哭的。"于是就亲自跑到县里去投案。县令郭揖也是个正直人,见范滂来了,吓了一大跳。他从腰间解下官印,拉着范滂要和他一起逃走。他对范滂说:"天下这么大,哪儿不能去,您到这儿来干什么?"范滂十分感激郭揖,对他说:"我死了,党锢之祸也许能够平息下来。我怎么敢因为我的罪而牵累您,又让我的老母亲流离失所呢?"县令没有法子,只好把他收在监狱里,并且派人通知他的老母亲和他的儿子来见他最后一面。范滂安慰母亲说:"弟弟仲博是个孝子,一定会把您赡养好。我到地下追随先父去了,这样生死各得其所。望母亲能够割舍一片爱子深情,不要过分伤心。"范母说:"你如今能和李膺、杜密两位齐名,即便死了,又有什么遗憾呢!为人既要留下美名,又想长命百岁,怎么可能两全其美呢?"范滂跪着听完母亲的话,回过头来对儿子说:"我要叫你做坏事吧,可是坏事毕竟是不该做的;我要叫你做好事吧,可是我一生没有做坏事,却落得这步田地。"旁边的人听了,都禁不住流下了眼泪。他死的那年才三十三岁。

苏轼,字子瞻,是眉州眉山人。十岁时,父亲苏洵到外地游学,母亲程氏亲自教他读书,听到古今的成败得失,常能说出其中的要害。程氏读到《后汉书·范滂传》时,发出深深的慨叹。苏轼对她说:"我如果想和范滂一样为名节而不顾生死,母亲您答应吗?"程氏说:"你如果能成为范滂一样的人,我又怎会不和范滂的母亲一样深明大义呢?"

【义理揭示】

当委以重任时,范滂登车揽辔,志在澄清;当祸乱发生时,范滂慷慨赴难，视死如归。他的所作所为，就是对"天下有道，以道殉身；天下无道，以身殉道"的儒家精神的弘扬与践履。

千年后的苏轼受其感召，沛然而生追慕之情。考之于苏轼生平，他为官一任，则造福一方，虽颠沛流离而始终中心不失，范滂等优秀人物对他的精神感召无疑发挥了重要作用。

令人感佩的无疑还有两位伟大的母亲。她们对儿子的爱，超越了血缘亲情，直抵人格瞩望和精神塑造的境界。

六 横渠四句[①]

【原文选读】

先生少喜谈兵，本跅[②]驰豪纵士也。初受裁于范文正，遂翻然[③]知性命之求，又出入于佛老[④]者累年。继切磋于二程子[⑤]，得归吾道之正。其精思力践，毅然以圣人之诣[⑥]为必可至，三代[⑦]之治为必可复。尝语云："为天地立心[⑧]，为生民立命[⑨]，为往圣[⑩]继绝学，为万世开太平。"自任自重如此。

（清·黄宗羲等《宋元学案·横渠学案》）

注释：

①现代哲学家冯友兰称张载"为天地立心，为生民立命，为往圣继绝学，为万世开太平"这四句话为"横渠四句"。张载，北宋思想家，字子厚，人称"横渠先生"。

②跅（tuò）驰：行为放荡不羁。

③翻然：形容改变得快而彻底，也作"幡然"。

④佛老：佛学和道家思想。
⑤二程子：北宋理学家程颢、程颐兄弟。
⑥诣：学问、思想等所达到的境界。
⑦三代：指夏、商、周三个朝代。
⑧立心：天地化育生命，以仁民爱物为其本心。
⑨立命：确立生命的意义和价值。
⑩往圣：指孔孟等先代圣贤。

【文意疏通】

横渠先生年轻时意气昂扬，放荡不羁，极喜谈论军事，梦想能血战边关，建功立业。早些时候，他受范文正公的指教，于是马上认识到寻求人生的意义和安身立命的根本价值是更为重要的事情。于是他博览群书，深入研究了佛家、道家等诸家学说，后来又与程颢、程颐兄弟深入切磋，重新回到了儒学的正途上来。对于儒家的思想学说，他进行了深入的思考，并身体力行，努力实践。他坚定地认为，圣人所达到的思想境界后人也完全能够达到，夏、商、周那种理想的社会图式也一定会重新出现。关于士人的使命，他曾经这样说："为天地确立化育生命、仁民爱物的道义本心，为普天大众确立生命的意义和价值，继承孔孟等先代圣贤的宝贵思想学说，为天下后世开辟永久太平的基业。"可见他的期许是多么高啊！

【义理揭示】

这则故事写到了张载的两次探寻和两次回归。第一次探寻和回归，他寻找到了他最应该做，也是最应该他来做的事；第二次探寻和回归，他寻找到了安顿人生、寄寓性命的精神家园。

他的四句名言，赋予自身以重大的历史文化使命，同时也是对儒家思想的继承和发展。它廓天地之大，包万民之众，继往开来，追比圣贤，那种高远的天地境界和理想抱负，强烈的圣贤情怀和使命意识，成为激励一代代知识分子为天下太平而孜孜求索的精神源泉。

七 王阳明龙场悟道

【原文选读】

三年戊辰①，先生②三十七岁，在贵阳。

春，至龙场③。先生始悟格物致知④。龙场在贵州西北万山丛棘中，蛇虺魍魉，蛊毒瘴疠⑤，与居夷人鴃舌难语⑥，可通语者，皆中土亡命⑦。旧无居⑧，始教之范土⑨架木以居。

时瑾憾⑩未已，自计得失荣辱皆能超脱，惟生死一念尚觉未化，乃为石墩自誓曰："吾惟俟命而已！"日夜端居澄默⑪，以求静一⑫；久之，胸中洒洒⑬。而从者皆病，自析薪⑭取水作糜⑮饲之；又恐其怀抑郁，则与歌诗；又不悦，复调越曲⑯，杂以诙笑，始能忘其为疾病夷狄患难也。因念："圣人处此，更有何道⑰？"忽中夜大悟格物致知之旨，寤寐⑱中若有人语之者，不觉呼跃，从者皆惊。始知圣人之道，吾性自足，向之求理于事物者⑲误也。

(明·钱德洪、王汝中辑《王阳明年谱》，见《王阳明全集》)

注释：

①三年戊辰：指明武宗正德三年（1508），古人用干支纪年，这一年岁次

120

戊辰。

②先生：指王阳明（1472—1529），名守仁，明代著名的思想家、军事家，陆王心学之集大成者，因曾筑室于会稽山阳明洞，自号阳明子，学者尊称为阳明先生。

③龙场：在今贵州省修文县。明武宗正德元年（1506），王阳明因反对宦官刘瑾，被廷杖四十，谪贬至贵州龙场当驿丞。

④格物致知：中国古代哲学的重要命题之一，指通过研究事物原理而获得知识，提高修养。语出《礼记·大学》："欲诚其意者，先致其知，致知在格物。"

⑤蛇虺魍魉，蛊毒瘴疠：虺（huǐ），古书上说的一种毒蛇。魍魉（wǎng liǎng），古代传说中的山川精怪。蛊（gǔ）毒，毒人的虫蛇。瘴疠（zhàng lì），山林湿热而蒸发出的能致邪病的毒气。

⑥与居夷人鴃舌难语：西南边地原住民说话如同鸟语，语言难以沟通。夷人，古代中原地区对东方部族的称呼，引申为对中原以外各族人的通称。鴃（fū 或 guī），鸟名。

⑦亡命：指逃亡者。

⑧居：居处，房屋。

⑨范土：用模具把泥土制成土坯。范，模子。

⑩憾：怨恨。

⑪端居澄默：凝神端坐，使心境宁静。

⑫静一：镇定宁静，专一不变。

⑬洒洒：寒冷战栗的样子。

⑭析薪：劈柴。析，劈开。

⑮糜（mí）：粥。

⑯调越曲：演奏越地的乐曲。越，指今江浙一带。王阳明是浙江绍兴府余姚县（今属宁波余姚）人。

⑰圣人处此，更有何道：圣人在这样的处境下，会有怎样的道德修为呢。

⑱寤寐：睡梦。

⑲求理于事物者：从对外物的区格辨别中求得智慧的方法。求理于事物，指以南宋理学家朱熹为代表的"格物以穷理"之法。王阳明认为，最高的道理不需外求，而从自己心里即可得到，此即"心即理""致良知"。

【文意疏通】

明武宗正德三年，王阳明三十七岁。在这之前的正德元年，他因上书弹劾气焰熏天的宦官刘瑾而被廷杖四十，由兵部主事贬谪为贵州龙场驿站的驿丞。一路上，他躲过了刘瑾所派刺客的暗地追杀，历尽坎坷，来到任所。就是在龙场，他才领悟到了"格物致知"的真谛。

龙场在贵州西北部，那里万山遮蔽，荆棘丛生，毒虫野兽，出没无时，实在是一个偏僻荒凉、蛮荒至极的地方。更令人难以忍受的是，当地人说话如同鸟语，根本无法沟通，勉强可以交流的人，都是些中原一带的亡命徒或流放犯。他们甚至都不会盖房子，王阳明到了那里后，才教会他们制造土坯，搭起木架来建造房屋居住，让他们免于风吹雨淋。

当时，宦官刘瑾对王阳明依然嫉恨不已，王阳明的生死安危仍然时时受到威胁。他认为自己的修养境界已经达到了看破利益得失、超脱仕途荣辱的境界，但是对于生死，他觉得自己仍然还没有参透。于是他自己凿了一个石墩，发誓道："如果不能把生死问题想明白，我就坚决不离开这个石墩。"从那以后，不管白天黑夜，他都一直端坐在那个石墩上冥思静想，以求达到清静专一、心外无求的境界。这样过了很久的时间，他心中依然空落落的。恰在这时，仆从又病倒了，他只得亲自劈柴、取水，煮好粥喂给他们吃；

他唯恐心里不痛快，便给他们，其实更多是给自己唱歌、读诗。这样还是难以高兴起来，便又弹奏起家乡的乐曲，言谈中也夹杂着滑稽调笑的内容。在这样的境况中，也许只有这样，才能多少忘记身处蛮荒、随时可能染病的艰难和悲苦。他心里便想："圣人如果处在这样的境地，会有怎样的道德修为呢？"忽然有一天半夜里，他透彻地领悟了格物致知的真谛，在睡梦中仿佛有人清清楚楚地告诉了他似的，他欢喜过望，不由得欢呼跳跃起来，那样子让随从们惊异不已。他开始领悟到，心外无理，心外无物，善良的德性就在每个人的心中，先前那种从区格辨析外物来求取天理良知的方法，原来是错误的。

【义理揭示】

历史上的王阳明在道德、事功、学问等各方面都有卓越建树，他继承并发展了从孔子直至宋代理学的文化成就，形成了具有鲜明特色的心学体系，对后世产生了重大影响。

王阳明为什么会在龙场悟道？因为他志于道、学于道，有丰厚的积累并执著地探求。而龙场的极端环境，将他的人生置于一种无以复加的境地，迫使他对人生和大道作终极思考，从而得到了前所未有的感悟。从主观层面来看，王阳明坚持了"造次必于是，颠沛必于是"的儒家追求；从客观层面来看，被贬龙场的遭遇，正印证了"贫贱忧戚，庸玉汝于成"的功效。

王阳明的龙场顿悟，既有对儒家基本价值的坚守，又有对其思想方法的思辨和超越。

八 谈迁再写《国榷》

【原文选读】

　　谈迁，字孺木，原名以训，海宁人。初为诸生①。南都②立，以中书荐，召入史馆，皆辞，曰："余岂以国家之不幸博一官耶?"未几，归里。迁肆力③经史百家言，尤注心于明朝典故。尝谓："史之所凭者，实录耳。实录见其表，其在里者，已不可见。况革除之事④，杨文贞⑤未免失实；泰陵之盛⑥，焦泌阳⑦又多丑正⑧；神、熹⑨之载笔者，皆逆奄之舍人⑩。至于思陵⑪十七年之忧勤惕厉⑫，而太史遘荒⑬，皇威⑭烈焰，国灭而史亦随灭，普天心痛，莫甚于此!"乃汰⑮十五朝实录，正其是非。访崇祯十七年邸报⑯，补其缺文，成书，名曰"国榷"。

　　当是时，人士身经丧乱，多欲追叙缘因，以显来世，而见闻窄狭，无所凭藉。闻迁有是书，思欲窃之为己有。

　　迁家贫，不见可欲者，夜有盗入其室，尽发藏橐⑰以去。迁喟然曰："吾手尚在，宁遂已乎⑱?"从嘉善钱氏借书复成之。阳城张慎言⑲目为奇士，折节下之。慎言卒，迁方北走昌平⑳，哭思陵，复欲赴阳城哭慎言，未至而卒，顺治十二年冬十一月也。黄宗羲㉑为表㉒其墓。

（民国·柯劭忞等《清史稿·谈迁传》）

注释：

①诸生：古代经考试录取而进入中央、府、州、县各级学校学习的生员。

②南都：指南京。1644年李自成农民军攻破北京，崇祯皇帝自缢于煤山，

明朝覆亡。在江南的一部分明朝官僚在南京拥立福王朱由崧为帝,建立南明政权。

③肆力:尽力。肆,尽,极。

④革除之事:指燕王朱棣发动靖难之役,兴兵攻打建文帝并夺位登基、改元永乐之事。

⑤杨文贞:杨士奇(1366—1444),明代大臣、学者,谥文贞。先后编录《明太祖实录》《明仁宗实录》《明宣宗实录》。

⑥泰陵之盛:古人常以陵号指称过世的帝王,泰陵是明孝宗朱祐樘的陵墓。孝宗在位期间,勤于理政,选用贤臣,形成了一个较为稳定的时期,因其年号弘治,史称"弘治中兴"。

⑦焦泌阳:焦芳(1434—1517),字孟阳,泌阳(今河南泌阳)人,明弘治至正德年间大臣,官至内阁首辅。

⑧丑正:嫉害正直的人。丑,歪曲、抹黑乃至陷害。

⑨神、熹:神,明神宗朱翊钧,年号万历。熹,明熹宗朱由校,年号天启。这两个皇帝当政时,朝纲不振,宦官专权,江河日下,颓势难回。

⑩逆奄之舍人:阉党的门人。奄,通"阉"。

⑪思陵:指明思宗朱由检,习惯上以年号而称崇祯皇帝,死后葬于思陵。

⑫惕厉:警惕谨慎。

⑬太史避荒:时局动荡而史官逃遁。遻,通"遁",逃跑。

⑭皇宬(chéng):又称"皇史宬",明清皇帝收藏历代帝王实录、秘典的地方。

⑮汰:挑选。

⑯邸报:也叫"邸抄""邸钞",中国古代抄发皇帝谕旨、臣僚奏议和有关政治情报的抄本。这类抄本一般由地方长官在京师所设专邸抄送,故称"邸报"。

⑰藏橐(tuó):藏纳物品的口袋。

⑱宁遂已乎:难道就作罢了吗?已,停止,作罢。

⑲张慎言：明末思想家和诗人，字金铭，号藐山，人称藐山先生，山西阳城人。为官刚正，为人称颂。

⑳昌平：今北京市昌平区，位于北京西北部，是明十三陵所在地。

㉑黄宗羲（1610—1695）：明末清初思想家，字太冲，号南雷，学者称梨洲先生，浙江绍兴府余姚县人，有"中国思想启蒙之父"之誉。

㉒表：表彰，显扬。

【文意疏通】

谈迁是明末清初浙江海宁的一位史学家。北京陷落后，南明政权的官员政要想推荐他进入国史馆，但他婉言谢绝了。在他看来，国家不幸是他的苦难，哪里还有什么心思为官呢？回到家乡后，他立志要编写一部翔实可信的明史。他认为，史书要凭借史实说话，同时还要能够洞悉历史本质，而在明代过去的史家那里，这两点做得都不够理想，甚至歪曲了历史事实。至于崇祯皇帝吊死于煤山之后，历史文献遭到严重破坏，国史修撰事业因为国家沦亡而无从谈起，这实在令人痛心之至。于是他决定重修国史，从明代十五朝皇帝的实录中挑选出合乎历史事实的资料，四处寻访搜集崇祯十七年间的政府抄文，终于在五十多岁时完成了一部四百多万字的明朝编年史，谈迁将其定名为"国榷（què）"。

当时也有不少身经丧乱的读书人有著史成名的想法，无奈见识不够，史料缺乏，听说谈迁写成了《国榷》，不免会有人产生窃为己有的想法。

谈迁家境贫寒，并没有什么可偷的东西。可是有天夜里，却有个小偷光顾他家，打开他的储物箱，把藏在里面的《国榷》拿走了。从此，这部珍贵的书稿就下落不明了。

多年的心血顷刻间化为乌有，这对谈迁的打击之大可想而知。可谈迁却从这灾难性的事件中再一次抬起头来。他说："我的双手还在，难道会就此作罢吗？"他根据自己的记忆，参考从嘉善姓钱的藏书家那里借来的书，重新写了起来。阳城名士张慎言十分佩服他的这种决心和志气，二人成为好友。后来张慎言去世时，谈迁正北上昌平，一方面核实史料，一方面凭吊崇祯皇帝。听到好友故世的消息后，就想赶赴阳城，没想到半路上就亡故了，当时是顺治十二年十一月，时值隆冬。谈迁死后，黄宗羲为他写了墓志铭。

【义理揭示】

历史，是一个民族的整体记忆，也是这个民族文化的家园和智慧的渊薮。我们的民族之所以能够根深叶茂，源远流长，文化根脉绵延不断，正是因为历代都有像谈迁这样的史学家，努力保存着我们民族的记忆。

谈迁这种完全凭借一己之力著成史稿，在多年心血陡然成空的灾难性打击下又重新著史的行为，可以和司马迁之行为一起视作我们民族浓重的历史感和强烈的历史意识的典型写照。

九 顾炎武说天下

【原文选读】

有亡国，有亡天下。亡国与亡天下奚辨①？曰：易姓改号②谓之亡国，仁义充塞③，而至于率兽食人④，人将相食，谓之亡天下。魏晋人之清谈⑤，何以亡天下？是孟子所谓杨墨之言⑥，至于使天下无父无君，而入于禽兽者也。

昔者嵇绍⑦之父康被杀于晋文王，至武帝革命⑧之时，而山涛⑨荐之入仕，绍时屏居⑩私门，欲辞不就。涛谓之曰："为君思之久矣。天地四时犹有消息⑪，而况于人乎？"一时传诵，以为名言，而不知其败义伤教，至于率⑫天下而无父者也。夫绍之于晋，非其君也。忘其父而事其非君，当其未死，三十余年之间为无父之人亦已久矣，而荡阴之死，何足以赎其罪乎！且其入仕之初，岂知必有乘舆败绩之事⑬，而可树其忠名以盖于晚也⑭？

自正始⑮以来，而大义之不明，遍于天下，如山涛者，既为邪说之魁⑯，遂使嵇绍之贤且犯天下之不韪⑰而不顾。夫邪正之说不容两立，使⑱谓绍为忠，则必谓王裒⑲为不忠而后可也。何怪其相率⑳臣于刘聪、石勒，观其故主青衣行酒㉑，而不以动其心者乎！是故知保天下，然后知保其国，保国者，其君其臣，肉食者谋之；保天下者，匹夫之贱与有责焉耳矣！

（清·顾炎武《日知录·卷十三·正始》）

注释：

①奚辨：怎么分辨。奚，怎么。

②易姓改号：指国家改朝换代。易，改换。

③仁义充塞（sè）：仁义之道被堵塞。

④率兽食人：带着野兽来吃人，指当社会道德沦丧、虐政横行时，人就像禽兽一样不顾道德约束而相互残害。率，带领。

⑤清谈：魏晋时期一些士大夫崇尚虚无，不务实际，空谈哲理，成为当时的风尚。

⑥杨墨之言：在诸子百家中，道家的杨朱宣扬合理的利己主义，主张"人人不损一毫，人人不利天下"，墨家的墨翟宣扬毫无差等的"兼爱"，主张爱

路人与爱父母没有差别，引起儒家代表人物孟子的强烈不满。

⑦嵇绍：字延祖，嵇康之子。十岁时嵇康被掌控曹魏政权的司马昭杀害，嵇绍被迫退居乡里。后经山涛举荐而出仕，官至侍中，"八王之乱"中赶赴荡阴，在王师败绩、百官逃散的情况下保护晋惠帝的乘舆，被成都王司马颖的军士杀害，血溅惠帝之衣。

⑧武帝革命：三国后期，司马氏集团执掌曹魏政权，后来司马炎（即后来的晋武帝）逼迫魏元帝曹奂禅位，自己称帝建立西晋政权，追尊其父司马昭为"文帝"。

⑨山涛：字巨源，西晋时期名士，"竹林七贤"之一。

⑩屏（bǐng）居：指避开众人而退隐独居。屏，避开。

⑪消息：消长，增减，盛衰。息，生长，增长。

⑫率：引导，率领。

⑬乘舆败绩之事：见注释⑦。乘舆，指晋惠帝乘坐的马车。

⑭由于嵇绍在惠帝危难、百官逃散的情况下拼死保护惠帝，表现出了忠义品格，因此赢得了后世一些文人的赞美，如文天祥《正气歌》盛赞"嵇侍中血"表现了天地之正气。

⑮正始：三国时期魏齐王曹芳的年号。

⑯邪说之魁：提倡邪辟之说的罪魁祸首。魁，首领，领头人。

⑰不韪（wěi）：不是，过错。

⑱使：假使，如果。

⑲王裒（póu）：西晋学者，因父为司马昭所杀，义不仕于西晋，虽三征七辟而皆不就，终其一生隐居以授徒为业。

⑳相率：相继，一个接一个。

㉑青衣行酒：史载前赵皇帝刘聪灭亡西晋后，曾让被虏获的晋怀帝、晋愍帝在宴会中身着青衣贱服为群臣逐个斟酒。

【文意疏通】

清代著名学者、思想家顾炎武，人称"亭林先生"。他在名作《日知录》里的一番话对世人颇有警示意义。人们经常将"天下"与"政权"相混淆，而他认为，"政权"不等于"天下"，"亡国"和"亡天下"也大有不同。所谓"亡国"，就是一般意义上的江山易主、政权变更；而"亡天下"则是某个时代和社会在文化传统、精神价值和道德底线上的整体失守乃至崩溃，仁爱消失，正义无处伸张，人与人之间不仅没有信任与温暖的关怀，甚至还要互相残害，这和禽兽有什么区别？没有了文化价值作为基本的维系，人都不成其为人了，还有什么天下可言呢！比如魏晋时期，清谈的风气让杨朱、墨翟宣扬的那些放弃天下关怀、目无父母君上的异端邪说大行其时，从而导致了天下的沦丧。

以前，嵇绍的父亲嵇康被晋文王司马昭所杀，到晋武帝建立晋朝时，山涛推荐嵇绍入朝做官，嵇绍当时隐居在乡里，想推辞不去。山涛对他说："我替您考虑很久了。天地间春夏秋冬四季尚且有相互更替、此消彼长的时候，更何况人生短暂的一世呢？"人们把山涛的这些话作为名言加以传诵，然而却不了解他这话败坏了仁义，伤害了教化，竟致使天下人目无父母。对于嵇绍来说，晋王朝的国君并非他的国君，但他却忘了自己父亲被晋文王杀害之事，而去忠于他不应该认同的国君，这就突破了做人的底线。即便后来在战乱中以死效忠护卫君主的表现维护了忠义的文化传统，但也难以救赎他长达三十年屈节侍敌的事实。况且当他最初入朝做官的时候，他哪里知道晋王一定会发生兵败之事，自己竟能树立忠烈之名而保全了晚节呢！

自从曹魏正始以来，大义不明的情况已经遍及天下，在山涛这

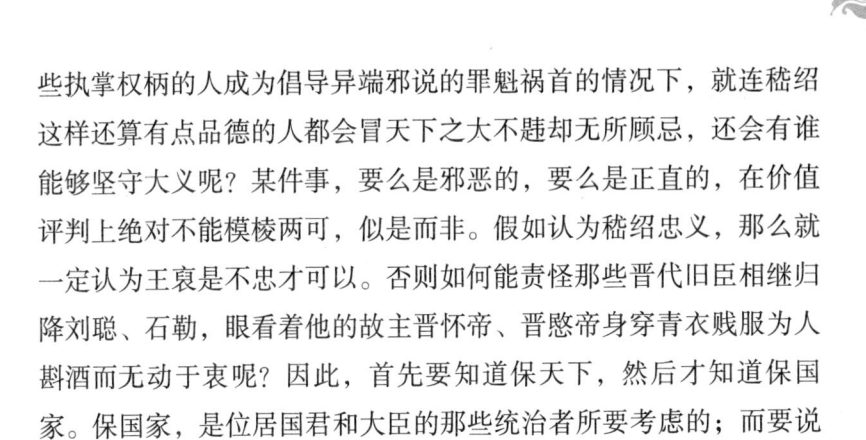

些执掌权柄的人成为倡导异端邪说的罪魁祸首的情况下，就连嵇绍这样还算有点品德的人都会冒天下之大不韪却无所顾忌，还会有谁能够坚守大义呢？某件事，要么是邪恶的，要么是正直的，在价值评判上绝对不能模棱两可，似是而非。假如认为嵇绍忠义，那么就一定认为王衷是不忠才可以。否则如何能责怪那些晋代旧臣相继归降刘聪、石勒，眼看着他的故主晋怀帝、晋愍帝身穿青衣贱服为人斟酒而无动于衷呢？因此，首先要知道保天下，然后才知道保国家。保国家，是位居国君和大臣的那些统治者所要考虑的；而要说到保天下，即使是地位低贱的普通百姓都有责任。

【义理揭示】

顾炎武提出的"亡国"与"亡天下"之辨具有十分深刻的文化意义和现实价值。中华民族之所以能够历经五千年而不衰，从某种意义上来说就在于我们一直有一个"文化中国""价值中国"在维系着，不管怎样改朝换代，怎样被外族入侵，我们的文化精神和传统价值总是在不断更新、丰富、壮大，而从来没有中断过、丧失过。

在当前社会和文化大转型的时代里，顾炎武的上述言论值得我们深思。当欧风美雨无孔不入地渗透进人们日常生活的时候，当西方文化借着经济之势而动摇着我们的文化基础的时候，我们应该清醒地认识到自我文化传统的优势并吸取外来文化来不断加以丰富和弘扬，而不能让我们的文化阵地失守。正是从这个意义上，才能真正体现出"保天下者，匹夫之贱与有责焉"，因为文化并不是抽象的，而是存在于每一个公民的日常生活和学习工作中。

十 飞行家冯如

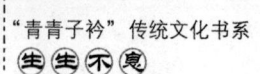

【原文选读】

冯君如,号鼎三,恩平①人,民国之第一飞行家。纪元②八月二十五日死,葬黄花岗七十二烈士墓左,从③其志也。

冯君有兄四,均早死。十二岁时游于美,习机器,学于纽约工厂十年。业既毕,慨然曰:"是岂足以救国者,吾闻军用利器,莫飞机若,誓必身为之倡④,成一绝艺以归飨⑤祖国。苟⑥无成,毋宁死!"华侨壮其言,助之赀⑦。一年机成,试演于哥林打市之麦园⑧,蹶者再,志不少馁⑨。及纪元前二年⑩,复成一新式机,其飞行达七百余尺。中山先生见之,欣然曰:"吾国大有人矣!"自是美人欲聘为教师,张元济⑪介绍于粤督,而均不为用,以非君志也。

前一年自美归,将以绝艺飨吾祖国,适温烈士乘西人演飞机之便,刺孚琦⑫死,君之机又不果演,惟君十余年之大志则大遂⑬。迨夫民国甫造⑭,则以虏巢未覆,亟思编飞机为北伐侦察队。同志既集而南北统一,议又寝⑮。然犹以为效用于民国之日正长也。不谓鲲鹏一举而翼折,岂非天乎!

先生年三十,上有父母,下无子女。闻其弥留⑯时语其徒曰"吾死后,尔等勿因是失其进取之心,须知此为必有之阶级"云。吾知为之徒者,当克继厥志⑰,君且不死也。余尝与一晤⑱,貌甚癯⑲,知君之苦心焦思者夙⑳矣。

(选自《民国第一飞行家冯君如墓志铭》)

注释：

①恩平：广东省恩平市，位于广东省西南部。

②纪元：即1912年。

③从：遵照。

④倡：带头，倡导。

⑤飨：敬献。

⑥苟：如果。

⑦赀：通"资"，资金，财物。

⑧哥林打市之麦园：美国奥克兰市的麦园是当时旅美华侨经营的农场。哥林打市，今译格林达市，奥克兰市附近的一座小城。

⑨蹶者再，志不少馁：跌倒了就重新振作起来，丝毫不泄气。蹶，跌倒，受挫。馁，泄气，意志消沉。

⑩纪元前二年：即1910年。

⑪张元济：清末进士，商务印书馆创办人，是著名出版家和社会活动家。

⑫孚琦：清末官吏，曾出任广州副都统、署理广州将军。1911年春，冯如拟在广州东门外燕塘举行飞行表演，孚琦前往视察，回城时被革命党人温生才刺杀。事件发生后，清政府怀疑冯如在海外受到革命思想影响，与革命党人有联系，因此不但不准其做飞行表演，而且监视其行动。

⑬遂：成功，实现。

⑭迨夫民国甫造：等到民国初立。迨，等到。甫，刚，才。

⑮寝：停止，搁置。

⑯弥留：病重濒死。

⑰克继厥志：能够继承他的志向。克，能够。厥，他的。

⑱晤：会面。

⑲癯（qú）：清瘦。

⑳夙：早，平素。

【文意疏通】

冯如，号鼎三，广东恩平人，1912年八月二十五日去世后，遵照他的遗愿，遗体埋葬在黄花岗七十二烈士墓的左侧。

冯如还有四个哥哥，都不幸过早地去世了。他十二岁到美国留学，用了十年时间在纽约的工厂里学习机器制造。当时的中国，积贫积弱，冯如怀着救亡图存的梦想远赴重洋，可学成后，却又犹疑了。他慨然道："仅仅学成机械技术，哪里能够拯救衰颓的国运呢？我听说当今军事发展，没有一样武器能够比得上飞机。我决心立志从事飞机研制事业，使飞机研制水平居于世界领先地位，回去报效祖国。哪怕为此献出自己的生命。"当时留美华侨为他的豪言壮语所激励，纷纷帮助他完成这一事业。一年后，冯如研制的飞机在哥林达市附近的麦园举行试飞表演，虽然并未成功，但他却毫不气馁。到1910年，他又研制出一架新式飞机，飞行高度达到七百多尺。孙中山先生看到冯如的成功表演非常高兴，感叹道："中国大有人才呀！"

冯如已经成为举世公认的飞机设计师、制造家和飞行家，也成为美国人争相聘请的对象，但冯如一心想的是发展中国的航空事业。张元济曾把他介绍给广东军政府，但此时的冯如对清政府的昏庸和腐败已经非常失望，因此不愿意为其所用。

1911年，冯如回到祖国，想以领先世界的航空技术来报效祖国。恰逢革命党人温生才刺杀孚琦事件，清政府不仅取消了他的飞行表演计划，而且还派人监视他的行动。等到1912年，因为北方的清政府军依然在苟延残喘，革命军授权冯如准备组织飞行侦察队，配合北伐军对驻守北方的清王朝进行空袭。人员已经集结完毕，由于南北统一的完成，组织飞行侦察队的动议便搁置下来。但冯如并没有感到气馁，

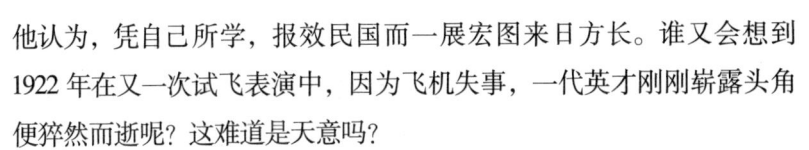

他认为，凭自己所学，报效民国而一展宏图来日方长。谁又会想到1922年在又一次试飞表演中，因为飞机失事，一代英才刚刚崭露头角便猝然而逝呢？这难道是天意吗？

冯如罹难时还不到三十岁，听说他在临去世前对他的助手说："我死后，你们不要因为这次事故而失去继续探索航空之路的信心，你们要知道，这是一个必然的、不可避免的阶段。"我们相信，他的助手和同志一定能够继承他的遗志，将航空事业推向前进。

冯如容貌清瘦，这是他很早就一直殚精竭虑、刻苦钻研航空技术的缘故。

【义理揭示】

中国的近代史是一部屈辱史，然而在诸多屈辱中，不少人开始探寻救亡图存的道路，并且取得了卓著的成绩。冯如研制的飞机，仅比莱特兄弟晚了六年，就飞行高度、持续时间等许多指标上超越了世界其他国家的水平，而站在世界最前列。那种坚韧执著、不骄不馁的精神，那种以身许国，"苟无成，毋宁死"的献身精神，令人感慨、敬仰。

文化倾听

文化流传，生生不息。虽朝代更迭、岁月流转，却不仅不能磨灭其光辉、消减其精神，反而使其内涵愈见丰厚，力量愈见强劲。在传播弘扬的过程中，中华文化表现出了强大的恒定性和生发力。所谓恒定性，是指其基本价值是稳定的、持续的，这种基本的文化价值，我们在"人文创生"和"自然创生"中已有所论述，兹不赘言；所谓生发力，是指中华文化在流传承继的过程中，一代代志士仁人的实践使其焕发出了具有现实力量的光辉，此其一。而不同历史时期的文化又呈现出鲜明的时代色彩，每一代的文化成果，都以层累积淀的方式，成为中华文化的丰富资源，让后继者在批判和建设的过程中创造出更合乎时代需要，更能反映时代心声的文化话语和文化形式，这就使中华文化能够永葆生机和活力，历经几千年而常青。

从本章的故事中，我们能够看到，中华民族在文化弘扬的过程中表现出的一些精神同样是需要继承弘扬的。

一、价值自信

惟其自信，方能坚守，即便身处困厄之境，甚或时局危重，祸乱相继，也能够中心不移，坚守人道，从而维持世道。困于陈、蔡的孔颜师徒，朝代更替之际的顾炎武，表现出了一种文化坚守的定力，这种定力就是孔子所说的"一以贯之"的精神内涵，任凭穷苦困厄也好，时局危乱也好，都不能撼动它。而这种定力，正源于他们对其所坚守的那种文化价值的强大的自信心。因为他们知道，他们所坚守的文化价值，是一种对人心、人伦和人道建设的理想，而任何理想的实现，都会在现实世界中遇挫，不可能一帆风顺。如果因为挫折而放弃理想，放弃坚守的阵地，就是文化的失守。只有坚守住这种文化价值，才能为人心、人伦和人道建设保留一脉真气。颜回说的"不容何病？不容然后见君子"，顾炎武说的"保天下者，匹夫之贱与有责焉"，其意义和价值就在这里。虽然颜回表现出的是一种"我即道"的自信，而顾炎武倡扬的是一种"我任道"的自信，但是对于文化的济世价值，那种笃信不疑却是一致的。

二、师其精神

中华文化既博大精深，又"大道至简"，既精微奥妙，又鲜活生动。生生不息的文化流传，不仅创造出丰富的精神文化成果，而且涌现出很多后人效仿学习的模范人物和典型事件。学习、实践优秀人物的所作所为，从某种意义上来说，就是在弘扬传统、承继文化。不过，一个真正拥有智慧的文化弘扬者，并不是机械模仿前人的实践文本，而应该深入解读其实践文本的内在精神，从而将其文化精神化入自我的生命历程中来。鲁人也好，苏轼也罢，虽然一个是匹夫平民，一个是文人士大夫，却都能够在学习优秀人物时做到师其神而不蹈其迹。正如孔子所说："期于至善而不袭其为，可谓智乎！"

三、推陈出新

弘扬的要义有二，一曰继承，二曰创新，二者相辅相成，不可偏废。没有创新的继承是因袭守旧，其后果只能使文化渐渐丧失生机活力，渐趋衰亡；而没有继承的创新则往往由于缺乏根基，鲜能具有长久的生命力。中华文化传统历来就非常重视传承中的创新，《尚书·康诰篇》有"作新民"的训告，《诗经·大雅》有"周虽旧邦，其命维新"的颂唱，而《周易·系辞上》更是说"日新之谓盛德"。正因不断推陈出新，中华文化才能够历久而弥新，永葆生机和活力。这种传承中的创新，既包括对人文话语体系的反省和思辨，也包括科学文化领域的探索和开拓。《王阳明龙场悟道》一则故事的文化创新意义显然属于前者，而民国时期的冯如，在国家积贫积弱的情势下，悉心探索飞机制造，初看之下仿佛与文化传统的继承与弘扬关系不大，更多的是在学习并努力赶超西方科学技术水平，实际上这仅仅停留在横向比较的视野中作最浅层次理解罢了，而放在中华文化纵向发展的脉络中，放在中华文化内在精神的深度来思考，其在飞行事业上的赶超勇气和创新精神，不仅是在向先秦制造木制飞鸟的鲁班和明朝尝试飞天的万户等前人致敬，而且更是对中华文化"日新"精神的生动诠释。

文化传递

冯友兰是现代新儒家学派的代表人物，下面几个关于他的小故事，可以让我们感受到他在现代文化语境下一腔弘扬传统的文化情怀。

一、边关断臂

抗战初期，清华大学、北京大学和南开大学被迫南迁，先是落足长沙，不久又继续南迁，至于昆明，这就是历史上著名的西南联大。在这一迁徙过程中，众多名师硕儒颠沛流离，历尽艰辛，但是，即便在这样的艰难困苦中，他们也没有停止对中华文化的深研与覃思。其中就有冯友兰先生。

从长沙前往昆明的途中，冯友兰和清华大学的几位教授结伴辗转经过广西的凭祥县。当车辆经过狭窄的城门时，司机叮嘱，千万不要把手放在车窗外，以免发生危险。当其他人遵嘱而行时，冯友兰却陷入了沉思：手为什么不能放在车窗外？手放在车窗外与不放在车窗外有什么区别？其普遍意义与特殊意义何在？正当他沉思之际，只听到"咔嚓"一声，接着便是一阵剧痛，原来他的左上臂碰到城墙上，骨折了。对于这段经历，冯友兰先生颇有感慨，有诗为证："水尽山穷路迂环，一车疾走近南关。边墙已满英雄血，又教书生续一斑。"

二、天地境界

抗战结束后，清华大学复校，回到北平。当时的清华，因为有了冯先生，在学生的眼中便有了"太乙洞天"和"太乙真人"。这是怎么回事呢？

原来，在清华，冯友兰住在乙所，客人一进冯宅，抬头就能看到张载的那条著名语录："为天地立心，为生民立命，为往圣继绝学，为万世开太平。"那份宏大的气魄和雄健的信念，让人感到俨若神人。

在冯友兰先生的哲学思想中，人生有四重境界，依次为自然境界、功利境界、道德境界、天地境界。处在自然境界的人，其行为只有属于生物的自然本能；处在功利境界的人，其行为的目的在于满足自己的私欲；到了道德境界，人便自觉的具有利他的行为；而到达天地境界的人，其行为则具有超越社会和时代而为天地立心的意义。

冯友兰先生认为，"人们大多知道自己在社会中的地位，却不知道自己在宇宙中的地位"，因此他非常看重天地境界，因为天地境界既贯通了作为中国哲学精华的道德哲学，也包罗了为中国之所短而为西方之所长的科学精神。达到天地境界的人能够"养吾浩然之气"，不仅觉解更高，知善的能力更强，行善的意志更坚，而且所作所为也更高明。

三、传薪续火

1982年9月10日，冯友兰先生在美国哥伦比亚大学授予他名誉文学博士学位的仪式上，发表了即席演讲。他说，人类的文明好似一笼真火，古往今来对人类文明有所贡献的人，都是呕出心肝，用自己的心血脑汁为燃料，才把这笼真火一代一代传承下来。当时他已年近九十高龄，之所以依然拼命著述，就是因为他将自己定位为人类文明的传薪续火人，并为此而欲罢不能，至死方休。演讲完毕之后，他还赋诗述怀："一别贞江六十春，问江可认再来人？智山慧海传真火，愿随前薪作后薪。"

华夏文化之所以能够熊熊不熄、光照千秋，正是因为有冯友兰先生这样的传薪续火之人。

文化感悟

1. "文化典籍"中编选了范滂和苏轼的故事，从中我们感受到古人在追比前贤的过程中汲取到生命的能量。除此之外，你还知道哪些类似的故事？

2. "为天地立心，为生民立命，为往圣继绝学，为万世开太平。"张载的"横渠四句"历来为人称颂，甚至被像冯友兰这样的文化大师奉为座右铭。你认为这四句话在当下有什么现实意义？

3. 推荐阅读《冯友兰随笔：理想人生》（北京大学出版社，2007年版），不仅能够帮助你理解"人生的境界"，而且还可以帮助你更深刻地理解中华文化的精神和要义。

第五章　舍我其谁

文化典籍

一　子畏于匡

【原文选读】

（孔子）将适①陈，过匡②，颜刻为仆③，以其策④指之曰："昔吾入此，由彼缺也。"匡人闻之，以为鲁之阳虎⑤。阳虎尝暴⑥匡人，匡人于是遂止⑦孔子。孔子状类阳虎，拘焉⑧五日。颜渊后，子曰："吾以汝为死矣。"颜渊曰："子在，回何敢死！"

匡人拘孔子益急，弟子惧。孔子曰："文王既没，文不在兹乎⑨？天之将丧斯文⑩也，后死者不得与斯文也。天之未丧斯文也，匡人其如予何⑪！"孔子使从者为宁武子臣⑫于卫，然后得去。

（司马迁《史记·孔子世家》）

注释：

①适：去，前往。

②匡：地名，在今河南省长垣县西南。

③仆：驾车的人。

④策：马鞭。

⑤阳虎：阳氏，名虎。春秋后期鲁国人，以季孙氏家臣而执鲁国之政。

⑥暴：侵凌，残害。

⑦止：扣留，围困。

⑧焉：在那里，兼词。

⑨文王既没，文不在兹乎：文王离世以后，礼乐文化传统不是传承到我这里了吗。没，通"殁"，去世。文，指周代的礼乐制度。兹，这里，指孔子自己。

⑩斯文：这一文化传统。

⑪匡人其如予何：匡地的人又能把我怎么样呢。其，副词，加强语气。

⑫为宁武子臣：做宁武子的家臣。宁武子，名俞，谥武子，卫国大夫。

【文意疏通】

孔子要到陈国去，经过一个叫匡的地方，弟子颜刻替他赶车，颜刻用马鞭子指着说："从前我进入过这个城，就是由那缺口进去的。"匡人听说，误以为是鲁国的阳虎来了，阳虎曾经残害过匡人，于是匡人就围困了孔子。孔子的模样很像阳虎，所以被困在那里整整五天。颜渊后来赶到，孔子说："我还以为你死了。"颜渊说："老师您活着，我怎么敢死！"

匡人围攻孔子越来越急，弟子们都很害怕。孔子说："周文王已经死去，周代的礼乐制度不就在我们这里吗？上天如果要毁灭这些礼乐制度的话，就不会让我们这些后死的人承担起维护它的责

任。上天并没有要消灭周代的这些礼乐，匡人又能把我怎么样呢！"孔子派了一个跟从他的人到卫国做了宁武子的家臣，获得救援后才得以离开匡地。

【义理揭示】

这段话充分体现了孔子充足的文化自信心和强烈的文化使命感。这种自信，来自于对仁德礼乐文化传统的恒久价值的深度认同；这种使命感，就是要把这种文化传统传播下去，发扬光大，否则"后死者不得与于斯文也"，文化传统就断掉了。中华民族文化传统之所以能够薪火相传、长盛不衰，就是因为有像孔子这样有文化使命感的人，他们既是文化传统的传薪续火者，又是文化传统的守护神。

二 平治天下，舍我其谁

【原文选读】

孟子去齐，充虞①路问曰："夫子若有不豫色然②。前日虞闻诸夫子曰：'君子不怨天，不尤人③。'"

曰："彼一时，此一时也。五百年必有王者兴④，其间必有名世者⑤。由周而来，七百有余岁矣。以⑥其数，则过矣；以其时考之，则可矣。夫天未欲平治天下⑦也；如欲平治天下，当今之世，舍我其谁也？吾何为不豫哉？"

(《孟子·公孙丑下》)

注释：

①充虞：孟子弟子。

②夫子若有不豫色然：先生看上去好像闷闷不乐啊。豫，快乐，高兴。然，……的样子。

③不怨天，不尤人：这是引孔子的话，见《论语·宪问》。尤，责怪，抱怨。

④兴：兴起，出现。

⑤名世者：有名望而辅佐君王的人。

⑥以：按照。

⑦平治天下：治理国家，使天下太平。

【文意疏通】

孟子离开齐国，充虞在路上问道："老师似乎有不快乐的样子。可是以前我曾听老师您讲过：'君子不抱怨上天，不责怪别人。'"

孟子说："那是一个时候，现在又是一个时候。从历史上来看，每五百年就会有一位圣贤君主出现，其中必定还有名望很高的辅佐者。从周武王以来，到现在已经七百多年了。从年数来看，已经超过了五百年；从时势来考察，也正应该是时候了。大概老天不想使天下太平了吧，如果想使天下太平，在当今这个世界上，除了我还有谁呢？我为什么不快乐呢？"

【义理揭示】

孟子的故事，更多地表现为对社会变革的强烈参与意识，有一种当仁不让的豪气和信心。孟子瞩望理想社会，这需要一种理想情怀。孟子这种对"道"的强烈自信、对自我的使命期许是值得我们深思的。

三 小子何敢攘焉

【原文选读】

太史公①曰:"先人②有言:'自周公卒五百岁而有孔子,孔子卒后至于今五百岁③,有能绍而明之④,正《易传》,继《春秋》,本《诗》《书》《礼》《乐》之际。'意在斯乎!意在斯乎!小子⑤何敢攘⑥焉!"

(东汉·班固《汉书·司马迁传》)

注释:

①太史公:司马迁自称。

②先人:指司马迁的父亲司马谈。

③五百岁:自周公卒至孔子,约五百岁;自孔子卒至太初元年(前479—前104),只有三百七十五岁。所言"五百岁",非确指年数,而是引为祖述之意。

④绍而明之:继承先人志业,彰明文化脉络。绍,继承。明,彰明,使……显明。

⑤小子:子弟晚辈对父兄尊长之称呼。

⑥攘:通"让",推辞,拒绝。

【文意疏通】

司马迁说:"先父曾说过:'从周公死后五百年而有孔子,从孔子到现在又五百年了,到了继承并光大孔子的事业,修正《易传》,续作《春秋》,根据《诗》《书》《礼》《乐》衡量一切的时候了。'他的意思是说这份使命要由我来承担啊!由我来承担啊!这么重的责任，我怎么敢推辞呢！"

【义理揭示】

　　司马迁的话语，更多地表现为对文化传统的继承与接续。将儒家文化"绍而明之"，是道统的延续；而辅佐明君以平治天下，其目的就是建立一个"大道"流行的理想社会。司马迁守望文化传统。这需要一种使命意识。

四 尊辱之辨

【原文选读】

　　充性恬澹，不贪富贵。为上所知，拔擢①越次，不慕高官；不为上所知，贬黜抑屈，不恚②下位。比为县吏，无所择避。或曰："心难而行易，好友同志，仕不择地，浊操伤行，世何效放③？"答曰："可效放者，莫过孔子。孔子之仕，无所避矣。为乘田委吏④，无於邑⑤之心；为司空相国，无说豫⑥之色。舜耕历山，若终不免⑦。及受尧禅，若卒自得。忧德之不丰，不患爵之不尊；耻名之不白，不恶位之不迁。垂棘⑧与瓦同椟⑨，明月⑩与砾同囊，苟有二宝之质，不害为世所同。世能知善，虽贱犹显；不能别白，虽尊犹辱。处卑与尊齐操，位贱与贵比⑪德，斯可矣。"

（东汉·王充《论衡·自纪》）

注释：

①拔擢（zhuó）：提拔。

②恚（huì）：恼怒，愤恨。

③放：通"仿"。

④乘田委吏：泛指职位低微的小吏。乘田，管畜牧的小吏。委吏，管仓库的小吏。

⑤於邑：通"呜唈"，唉声叹气，愁闷不乐。

⑥说豫：欢喜，快乐。说，通"悦"。

⑦若终不免：好像将要这样过一辈子似的。

⑧垂棘：春秋时晋国地名，由于出美玉，后来被用作美玉的代称。

⑨椟：匣子。

⑩明月：指珍珠。许慎《淮南子》注："夜光之珠，有似明月，故曰明月也。"

⑪比：同，等。

【文意疏通】

王充是东汉思想家，在他所著的《论衡》中，表达了自己对境遇、得失、仕途穷通的看法。他认为，一个人应当性情淡泊，不贪慕富贵。当被上司了解，受到破格提拔的时候，不因官大而高兴；当不被上司了解，被降职罢官受压抑的时候，也不因职位低而怨恨。他几次被任命为县里的小吏，也没有挑剔而不愿干。有人说："你心气那么高而行为却一般，专门结交气味相投的人，做官也不计较地位，这岂不是玷污了你的节操败坏了你的品行吗？叫人家向你学习什么呢？"王充回答说："值得人们学习的人，没有谁能比得上孔子。孔子做官，是最不挑剔的。当他做小官吏的时候，并没有不高兴；当他做司空、相国的时候，也没有喜形于色。舜在历山耕种，就像将要那样过一辈子；等到他继承了尧的天下，又像是本来就该这样似的。人所担忧的应该是德行上的不足，而不应担心自己的爵位低；人们感到耻辱的应该是名声不清白，而不该耻于官职得不到提升。垂棘之玉同瓦片放在一个匣子里，明月之珠同碎石装在一条口袋里，如果有这两种宝珠的品质，是不怕被世人把瓦片与碎石混同看待的。世人如果能识别什么是好人，那么好人即使处于卑贱的地位，也仍然是尊贵的；世人如果不能辨别好坏，那么即使你地位再高，也仍然是耻辱的。如果能做到地位低和地位高的时候操行一样，身份低贱和身份尊贵的时候品德相同，这就可以了。"

【义理揭示】

世人往往羡慕高官显贵，而不齿于贫贱身微。而王充却鲜明地提出了"处卑与尊齐操，位贱与贵比德"的观点，大有"宠辱不惊，看庭前花开花落；去留无意，任天上云卷云飞"的潇洒气度。

王充的话语中充满了对自我生命的自信，这份生命自信，固然是豁达与清高的体现，但更多地则是来自于对自我道德与操守的期许与要求。通俗地说，"是金子总会发光的"。要让自我生命成为真金，就要做一个德行丰厚、才学卓著、名声清白的人。

五 陈蕃愿扫除天下

【原文选读】

陈蕃字仲举，汝南平舆人也。祖河东太守。蕃年十五，尝闲处一室，而庭宇芜秽①。父友同郡薛勤来候②之，谓蕃曰："孺子③何

不洒扫以待宾客？"蕃曰："大丈夫处世，当扫除天下，安事一室乎？"勤知其有清世志④，甚奇之⑤。

（南朝宋·范晔《后汉书·陈蕃传》）

注释：

①庭宇芜秽：庭院里、房屋前后杂草丛生。
②候：拜访。
③孺子：长辈对晚辈的称呼，即"年轻人""小伙子"之意。
④清世志：使世道澄清的志向。清，用作使动。
⑤奇之：认为他与众不同。奇，以……为奇。

【文意疏通】

陈蕃，字仲举，籍贯汝南平舆（今河南平舆北）。祖父曾任河东太守。陈蕃十五岁时，曾经悠闲地独自住在一室之内，而室内外十分杂乱。父亲的朋友同郡的薛勤来看他，对陈蕃说："年轻人，为什么不收拾一下房子来迎接客人呢？"陈蕃说："大丈夫处世，当以扫除天下为己任，怎么能局限于整理一间房子呢？"薛勤知道他有澄清天下的志气，因而非常赞赏他。

【义理揭示】

对于这个故事，人们经常着眼于"扫天下"与"扫一屋"的关系，由此生发出"一屋不扫何以扫天下"与"扫除天下，安事一屋"两个命题，各说各话，纠缠不清。这种争论从某种意义上是对该故事降格以求的解读了。

从陈蕃回答薛勤的话语中，我们感受到的是一个青年人对自我的定位,这是一种生命的气魄和格调,是对自我人生价值的言说与认定。至于是否需要"扫一屋",则显然是方法论的范畴,是价值实现的方法和路径。

因此无须为"不扫一屋"而苛责古人,因为,在价值观与方法论之间,价值观正确与否更加重要,而价值实现的方法和途径则可以是多元的。

六 李白

【原文选读】

李白,字太白,山东①人。母梦长庚星②而诞,因以命之。十岁通五经,自梦笔头生花,后天才赡逸③,名闻天下。喜纵横④,击剑为任侠,轻财好施。

天宝初,自蜀至长安,道未振⑤,以所业⑥投贺知章,读至《蜀道难》,叹曰:"子谪仙人也。"乃解金龟换酒,终日相乐,遂荐于玄宗,召见金銮殿,论时事,因奏⑦颂一篇,帝喜,赐食,亲为调羹,诏供奉翰林。尝大醉,上前草诏,使高力士脱靴。力士耻之,摘其《清平调》中飞燕事⑧,以激怒贵妃。帝每欲与官,妃辄沮⑨之。白益傲放,与贺知章、李适之、汝阳王琎、崔宗之、苏晋、张旭、焦遂为"饮酒八仙人"。恳求还山,赐黄金,诏放归。

白浮游四方,欲登华山,乘醉跨驴经县治⑩。宰不知,怒,引⑪至庭下曰:"汝何人,敢无礼!"白供状不书姓名,曰:"曾令龙巾拭吐⑫,御手调羹,贵妃捧砚,力士脱靴。天子门前,尚容⑬走马;华阴县里,不得骑驴?"宰惊愧,拜谢⑭曰:"不知翰林至此。"白长笑而去。

尝乘舟，与崔宗之自采石至金陵，著宫锦袍坐，旁若无人。禄山反，明皇在蜀，永王璘节度东南，白时卧⑮庐山，辟⑯为僚佐。璘起兵反，白逃还彭泽。璘败，累⑰系浔阳狱。初，白游并州，见郭子仪，奇之，曾救其死罪。至是，郭子仪请官以赎，诏长流夜郎。

白晚节好黄、老，度牛渚矶，乘酒⑱捉月，遂沉水中。

（元·辛文房《唐才子传·李白》）

注释：

①山东：古代指崤山以东的地区。

②长庚星：即金星，又称启明星、太白金星。

③赡逸：形容诗文词采富丽，感情奔放。赡，才情丰富。

④纵横：合纵术和连横术的缩写。

⑤振：产生影响。

⑥业：从事，经营。"所业"指李白写的诗。

⑦奏：呈献，进献。

⑧摘其《清平调》中飞燕事：摘，指责。飞燕，西汉成帝的皇后赵飞燕，常被作为以美貌而淫惑皇帝的代表人物。李白创作的《清平调》中有"借问汉宫谁得似，可怜飞燕倚新妆"的句子。

⑨沮：阻止。

⑩治：治所，古代指地方政权的政府驻地。

⑪引：拉，拖。

⑫龙巾拭吐：用皇帝的巾帕擦拭呕吐物。

⑬容：允许，容许。

⑭谢：道歉。

⑮卧：隐居。

⑯辟（bì）：征召。

⑰累：受牵连。

⑱乘酒：趁着酒劲。乘，趁着。

【文意疏通】

李白，字太白，崤山以东人氏。他名和字的由来与母亲生他时梦见了太白金星有关。李白从小就天资聪颖，十岁时就通晓五经，据说还曾梦笔生花，长大后果然天赋过人，才华横溢。李白豪爽任侠，喜欢纵横之术，好剑术，爱打抱不平，轻财乐施。

天宝初年，李白从蜀中来到京城长安，当时他的才华造诣尚未充分展现，就把自己所作的诗歌献给贺知章看。贺知章读到《蜀道难》一诗时，感叹着对李白说："你啊，是被贬谪到人间的仙人。"于是，解下自己身上的金龟饰物来换酒，与李白整天以喝酒为乐，还在唐玄宗面前推荐了李白。唐玄宗在金銮殿召见了李白，与他谈论时局国政，李白献上颂文一篇，皇上读后很高兴，赐给他饭食，并亲手为他调匀肉汤，降旨任命他为翰林供奉。有一次，李白喝得酩酊大醉，在皇上面前起草诏书，竟然让高力士为他脱靴。高力士羞愤交加，就指摘李白《清平调》中引用的赵飞燕的典故，以此来激怒杨贵妃。所以每当唐玄宗要授官给李白时，杨贵妃总要阻止。李白有志不得施展，便更加高傲放达，与贺知章、李适之、汝阳王李琎、崔宗之、苏晋、张旭、焦遂并称为"饮酒八仙人"。后来他恳求辞官回乡，玄宗赏赐给他黄金，下诏让他回家。

李白辞官后便云游四方。有一次，他喝得醉醺醺，骑在一头驴上，从华阴县衙前经过，打算去登华山。可是县令不认识李白，看

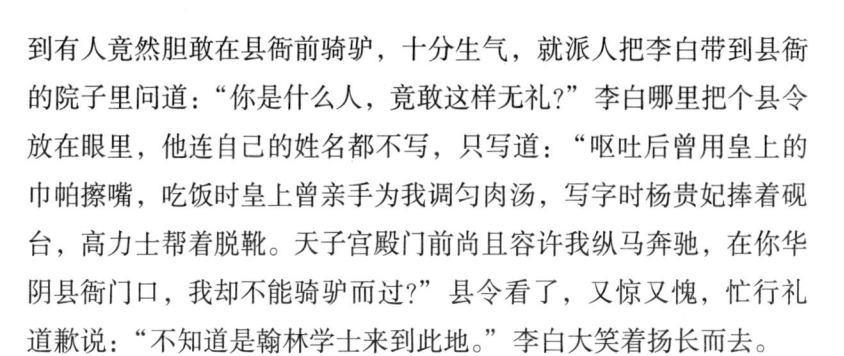

到有人竟然胆敢在县衙前骑驴，十分生气，就派人把李白带到县衙的院子里问道："你是什么人，竟敢这样无礼？"李白哪里把个县令放在眼里，他连自己的姓名都不写，只写道："呕吐后曾用皇上的巾帕擦嘴，吃饭时皇上曾亲手为我调匀肉汤，写字时杨贵妃捧着砚台，高力士帮着脱靴。天子宫殿门前尚且容许我纵马奔驰，在你华阴县衙门口，我却不能骑驴而过？"县令看了，又惊又愧，忙行礼道歉说："不知道是翰林学士来到此地。"李白大笑着扬长而去。

李白曾与崔宗之一起坐船从采石矶到金陵，他身穿宫中特制的锦袍坐在船上，旁若无人。安禄山叛乱时，唐玄宗避难到了蜀中，永王李璘统管东南地区，李白当时隐居于庐山之上，被李璘招聘为军中幕僚。后来李璘起兵造反，李白潜逃回到彭泽。李璘失败后，李白受牵连关在浔阳的监狱中。当初，李白漫游到并州，见到郭子仪，感到此人非同寻常，曾解救过郭子仪。到这时，郭子仪向朝廷申请解除自己的官爵来赎免李白的死罪，于是皇上下旨把李白改判为流放夜郎。

李白晚年喜欢黄帝、老子的道家学说。在牛渚矶泛舟时。带着醉意捕捉月亮，恍惚间跌落到水里溺死了。

【义理揭示】

李白历来以才情卓异而被称道，他的身上，显示出一代诗才张扬奋发、放荡不羁的个性。

不管是"龙巾拭吐""御手调羹""贵妃捧砚""力士脱靴"的传说，还是"华阴骑驴"的逸事，都显示出李白傲视权贵、不与流俗的狂傲之气，而支撑这狂傲之气的是他纵横奔放的才华和性情。这是一种创造的冲动，是一种突破传统束缚和羁绊、寻求生命表达的自由空间的努力。正是在这个意义上,李白和他的诗歌所具有的浪漫气质才真正代表了盛唐的时代精神。

七 韩愈谏迎佛骨

【原文选读】

愈发言真率,无所畏避,操行坚正,拙于世务。

凤翔①法门寺有护国真身塔,塔内有释迦文佛②指骨一节,其书本传法,三十年一开,开则岁丰人泰③。十四年正月,上令中使④杜英奇押宫人三十人,持香花,赴临皋驿迎佛骨。自光顺门入大内⑤,留禁中三日,乃送诸寺。王公士庶,奔走舍施,唯恐在后。百姓有废业破产、烧顶灼臂而求供养者。愈素不喜佛,上疏谏。

疏奏⑥,宪宗怒甚。间一日⑦,出疏以示宰臣,将加极法⑧。裴度、崔群⑨奏曰:"韩愈上忤⑩尊听,诚宜得罪,然而非内怀忠恳,不避黜责⑪,岂能至此?伏乞稍赐宽容,以来⑫谏者。"上曰:"愈言我奉佛太过,我犹为容之。至谓东汉奉佛之后,帝王咸致夭促⑬,何言之乖剌⑭也?愈为人臣,敢尔⑮狂妄,固不可赦。"于是人情惊惋⑯,乃至国戚诸贵亦以罪愈太重,因事言之,乃贬为潮州刺史。

(《旧唐书·韩愈传》)

注释:

①凤翔:府名,在今陕西省凤翔县。

②释迦文佛:即释迦牟尼。

③泰:平安。

④中使：宫中派出的使者，多指宦官。

⑤大内：指帝王所居的皇宫之内，也作"禁内""禁中"。

⑥奏：呈献，呈上。

⑦间一日：隔了一天。间，间隔。

⑧极法：即极刑，死刑。

⑨裴度、崔群：时任宰相、御史中丞。

⑩忤：忤逆，不顺从。

⑪黜责：贬斥，责罚。黜，降职或罢免。

⑫来：这里用作使动，使……前来。

⑬夭促：夭折，短命。促，短。

⑭乖剌（guāi là）：悖谬失当。

⑮尔：如此，这样。

⑯惊惋：惊讶叹息。

【文意疏通】

韩愈说话直率，从不去刻意躲避和忌讳什么，他操行坚定纯正，不去从事一些世俗的人情交际。

长安附近的凤翔府有一座法门寺，法门寺中有座护国真身塔，塔中珍藏了释迦牟尼一节手指骨舍利子，传说这个宝贝三十年开启一次，每次开启会保佑庄稼收成好，人民幸福和谐。唐宪宗元和十四年（819）正月，皇帝让太监率三十个人，去迎接佛骨，要在皇宫中保留三天，再送到各个寺院。无论是大臣还是老百姓，都跑去施舍，唯恐落在后面，老百姓就有因此而破产的，甚至烧掉头发烧灼胳膊去赶这个时髦。韩愈一向不喜欢佛教，当时担任刑部侍郎，于是献上了一篇《谏迎佛骨表》。

宪宗看后十分生气，过了一天拿着这篇文章给大臣们看，要处死韩愈。裴度和崔群说:"韩愈虽然让您生气,应该判罪,但也是因为他内心很诚恳,不怕被您处置,否则他为什么这么吃力不讨好?请宽恕他以显示您的大度,这样会鼓励其他上书言事的人。"皇帝说:"韩愈说我过度信仰佛教我可以宽容,他说东汉之后皇帝信佛的都短命,这岂不是在诅咒我早死吗?简直太荒谬了!作为臣子竟敢如此狂妄,绝不能原谅!"于是大家都吓得不敢说话,但心里却为韩愈惋惜,很多王公大臣也认为韩愈罪不至死,便借着事由为韩愈求情。最后皇帝就把韩愈贬官为潮州刺史。

【义理揭示】

面对皇上佞佛,韩愈不顾自身艰险,敢于犯颜直谏,以致触怒龙颜,险致死罪。这种置自身安危于不顾的勇气,固然与为人臣子的职责密不可分,然而更深层的原因则在于他以身任道、弘道的使命和责任。

宪宗说韩愈"敢尔狂妄"。的确,韩愈狂是狂了一些,但狂出了生命的元气,狂出了道德的勇气,狂出了文化的底气,以至千载而下,犹令人唏嘘感叹。

八 吾道自足,何事旁求

【原文选读】

张载,字子厚,长安人。少喜谈兵,至欲结客取洮西之地①。年二十一,以书谒②范仲淹,一见知其远器,乃警之曰:"儒者自有名教可乐,何事于兵?"因劝③读《中庸》。载读其书,犹以为未足，又访诸释老④，累年究极其说，知无所得，反⑤而求之《六经》。

尝坐虎皮讲《易》京师，听从者甚众。一夕，二程⑥至，与论《易》，次日语人曰："比⑦见二程，深明《易》道，吾所弗及，汝辈可师之。"撤坐辍讲，与二程语道学之要，涣然⑧自信曰："吾道自足，何事旁求！"于是尽弃异学，淳如⑨也。

(选自《宋史·张载传》)

注释：

①至欲结客取洮西之地：当时西夏常对西部边境侵扰，张载向当时主持西北防务的范仲淹上书《边议九条》陈述见解，并打算联合他人组织民团去夺回被西夏侵占的洮西失地。

②谒：拜访。

③劝：勉励。

④访诸释老：从佛教和道家学说中寻求义理。访，寻求，探求。释，代指佛教。老，代指道家学说。

⑤反：通"返"。

⑥二程：即程颐、程颢兄弟，北宋著名理学家。

⑦比：近来，最近。

⑧涣然：形容疑虑、积郁等消除的样子。

⑨淳如：淳朴澄澈的样子。

【文意疏通】

张载，字子厚，长安人。少年时代喜欢谈论军事，甚至想结交宾客取得洮西的地盘。二十一岁那年，张载以书信拜谒范仲淹，谈到军事边防，保卫家乡，收复失地的打算，得到了范仲淹的热情赞扬，认为张载可成大器，劝他道："儒家自有名教可乐，何事于兵？"意思是说你作为儒生，一定可成大器，不须去研究军事，而勉励他去读《中庸》，在儒学上下工夫。张载听从了范仲淹的劝告，回家刻苦攻读《中庸》，还感到不满足。于是遍读佛学、道家之书，长年累月探究这些学说的深刻含意，觉得这些书籍都不能实现自己的宏伟抱负，又回到儒家《六经》学说上来，经过十多年的攻读，终于悟出了儒、佛、道互补、互相联系的道理，逐渐建立起自己的学说体系。

宋仁宗嘉祐二年，张载赴京应考，荣登进士，在宰相文彦博的支持下，在开封相国寺设虎皮椅讲《易经》，前来听讲的人非常多。一天晚上，洛阳程颢、程颐两兄弟前来拜访他，与他讨论《易经》。张载是二程的表叔，但他虚心待人，静心听取二程对《易经》的见解，感到自己学得还不够。第二天他来到相国寺，对前来听讲的人说："最近我见到了二程，觉得他们对《易经》的理解透彻，是我所比不上的，你们可以拜他们为师。"于是撤掉师座，停止讲学，同二程谈论道学的要义，表现出他在学术上的积极开拓精神。经过深入研究，他疑惑尽消，非常自信地说："我所遵循的儒家之道本来就是非常圆满的，何须向其他学说寻求补益呢？"于是全部抛弃了其他学说，达到了淳朴澄澈的学术境界。

【义理揭示】

从年轻时的"喜谈兵"，到经年累月沉浸于儒释道诸家学说，直到后来"尽弃异学"而回归儒家传统，张载实际上一直在探寻足以安托自己人生，也安托自己精神的家园。

范仲淹一句"儒者自有名教可乐，何事于兵"，使张载明确了身为学者的人生方向。穷究诸家学说之后而感悟"吾道自足，何事旁求"，则道出了张载对儒家文化传统的自信。

九 文天祥绝笔

【原文选读】

初八日①，召天祥②至殿中。长揖不拜。左右强之，坚立不为动。极言宋无不道之君，无可吊之民；不幸母老子弱，权臣误国，用舍失宜③，北朝④用其叛将、叛臣，入其国都，毁其宗社。天祥相宋于再造⑤之时，宋亡矣，天祥当速死，不当久生。

上使谕之曰："汝以事宋者事我，即以汝为中书宰相。"天祥曰："天祥为宋状元宰相，宋亡，唯可死，不可生，愿一死足矣。"又使谕之曰："汝不为宰相，则为枢密。"天祥对曰："一死之外，无可为者。"遂命之退。

明日有奏："天祥不愿归附，当赐之死。"麦术丁⑥力赞其决，遂可其奏。

天祥将出狱，即为绝笔自赞，系之衣带间。其词曰："（吾位居将相，不能救社稷，正天下，军败国辱，为囚虏，其当死久矣。顷被执以来，欲引决⑦而无间⑧，今天与之机，谨南向百拜以死。）孔曰成仁⑨，孟曰取义⑩。惟其义尽，所以仁至。读圣贤书，所学何事？而今而后，庶几⑪无愧！宋丞相文天祥绝笔。"过市，意气扬扬自若，观者如堵⑫。临刑，从容谓吏曰："吾事毕矣。"问市人孰为南北，南面再拜就死。俄有使使止之⑬，至则死矣。见闻者无不流涕。

（选自《文文山先生全集》附录，作者明·胡广。
括号内容据《宋史·文天祥传》增补）

注释：

①初八日：指元世祖（忽必烈）至元十九年十二月的初八日。

②天祥：即文天祥（1236—1283），南宋政治家、文学家，字宋瑞，又字履善，号文山，庐陵（今江西吉安）人。

③用舍失宜：指用人、执掌政务措施不当。用舍，取舍。

④北朝：指元人。

⑤再造：指国家在危急时力图恢复兴盛。

⑥麦术（zhú）丁：元世祖侍臣，当时官任参知政事（相当于副宰相）。

⑦引决：自杀。

⑧间：机会。

⑨孔曰成仁：孔子曾说，"志士仁人，无求生以害仁，有杀身以成仁。"成仁，成就仁德。

⑩孟曰取义：孟子曾说，"生，我所欲也，义，亦我所欲也；二者不可得兼，舍生而取义者也。"取义，指为正义而牺牲。

⑪庶几：也许，差不多。

⑫观者如堵：围观的人多得像一道墙。堵，墙。

⑬俄有使使止之：不久，有使者前来传达停止行刑的命令。俄，不久。

【文意疏通】

元世祖至元十九年十二月初八日，元世祖忽必烈召唤文天祥到宫殿中。文天祥对忽必烈只拱手作了个揖，却不跪拜。周围的侍臣强迫他跪下，他仍然坚定地站立着，不被他们所动。他极力述说宋朝没有不循正道的国君，没有需要抚慰的人民；不幸谢太后年老而宋恭帝幼小，掌权的奸臣误害了国家，用人、行政，措施不当，你们元人利用我朝的叛将、叛臣，攻入我朝的国都，毁灭我朝。我文

第五章 舍我其谁

天祥在大宋危急而力图恢复兴盛的时候辅佐宋朝，宋朝灭亡了，我文天祥应当尽快就死，不应苟且偷生。

元世祖派人告诉他说："你用侍奉宋朝的忠心来侍奉我，就任用你当中书省宰相。"文天祥说："我文天祥是宋朝的状元宰相，宋朝灭亡了，只有一死，不能偷生，希望一死就够了。"元世祖又派人告诉他说："你不做宰相，就做枢密使。"文天祥回答说："除了一死以外，没有什么事可做了。"元世祖就命令他退下。

第二天有大臣上奏说："文天祥不愿意归顺服从，应当赐他死刑。"参知政事麦术丁极力赞成这个判决，元世祖就批准了他们的奏议。

文天祥被押出监狱前，就写下遗书自我表白，放在衣带中。遗书是这样写的："我身居将相之位，不能解救社稷危难，匡正天下，兵败被俘，致使国家受辱，因此我早就该死了。自从前不久被俘虏以来，想求一死却一直没有机会，今天上天终于给了我机会，为此向南方百次叩拜而死。我的感言是，孔子说杀身成仁，孟子说舍生取义，正因为尽到了人臣应尽的责任，所以才能成就仁德。读古代圣贤的书，学的就是舍生取义、杀身成仁的道理！从今以后，大概没有什么可惭愧的了。"他被押过市区时，气概神色自然，态度从容，观看的人像墙一样团团围住。即将受刑时，他不慌不忙地向执刑的官吏说："我的事都已做完了。"问市场上围观的人何处是南，何处是北？有人向南指了指，他便面向南方拜了两拜，然后受刑而死。不久，有使者前来传令停止行刑，当他到达时，文天祥却已经死了。看到或听到文天祥行刑情景的人，无不流下了热泪。

"青青子衿"传统文化书系
生生不息

【义理揭示】

在国势衰微、强敌压境时，文天祥临危受命，九死一生，试图挽狂澜于既倒，用转战南北、苦撑危局的行动诠释了"知其不可而为之"的丰富内涵；在大势已去、兵败被俘之后，他视死如归，义不降元，"南面再拜而死"，用生命诠释了"君子有所为，有所不为"的深刻含义。这"为"与"不为"之间的取舍，以生命为砝码，正见出其抉择的分量。

生命有两端，那就是"生"和"死"。"生"得精彩、充实、有担当，能够见得出生命的分量；"死"得壮烈、沉重、其所，同样能够见得出生命的分量。

文天祥的追问——"读圣贤书，所学何事？"值得每一位读书求学之人静心沉思。

十 谭嗣同

【原文选读】

至初六日①变遂发。时余方访君寓，对坐榻上，有所擘划②，而抄捕南海馆（康先生③所居也）之报忽至，旋④闻垂帘之谕。君从容语余曰："昔欲救皇上既无可救，今欲救先生亦无可救，吾已无事可办，惟待死期耳。虽然，天下事知其不可而为之，足下试入日本使馆，谒⑤伊藤氏，请致电上海领事而救先生焉。"

余是夕宿日本使馆，君竟日⑥不出门，以待捕者。捕者既不至，则于其明日入日本使馆与余相见，劝东游，且携所著书及诗文辞稿本数册、家书一箧⑦托焉。曰："不有行者，无以图将来；不有死

者，无以酬圣主。今南海之生死未可卜，程婴、杵臼⑧，月照、西乡⑨，吾与足下分任之。"遂相与一抱而别。

初七、八、九三日，君复与侠士谋救皇上，事卒不成。初十日遂被逮。被逮之前一日，日本志士数辈苦劝君东游，君不听。再四强之，君曰："各国变法，无不从流血而成。今中国未闻有因变法而流血者，此国之所以不昌也。有之，请自嗣同始！"卒不去，故及于难。

君既系狱⑩，题一诗于狱壁曰："望门投止思张俭⑪，忍死须臾待杜根⑫。我自横刀向天笑，去留肝胆两昆仑⑬。"盖念南海也。以⑭八月十三日斩于市，春秋⑮三十有三。就义之日，观者万人，君慷慨神气不少变。时军机大臣刚毅⑯监斩，君呼刚前曰："吾有一言……"刚去不听，乃从容就戮。呜呼，烈矣！

（节选自梁启超《饮冰室合集·谭嗣同》）

注释：

①初六日：指清光绪二十四年（1898）六月初六。

②擘（bò）划：筹划，安排。

③康先生：即康有为（1858—1927），广东南海人，人称康南海，清末"戊戌变法"的主要发起者。

④旋：随即，不久。

⑤谒：拜访，拜见。

⑥竟日：整天，终日。竟，整，从头到尾。

⑦箧（qiè）：箱子。

⑧程婴、杵臼：程婴和公孙杵臼是春秋时期晋国大夫赵朔的门客。赵氏为晋司寇屠岸贾灭族，为保护赵氏孤儿，公孙杵臼慷慨赴死，让程婴留下来抚养孤儿长大成人。

⑨月照、西乡：日本幕府末期倒幕运动的重要人物，运动失败后被幕府追杀，两人投海自尽。西乡隆盛被救活，后来成为"维新三杰"之一。

⑩系狱：囚禁在监狱中。系，囚禁。

⑪望门投止思张俭：东汉党锢之祸中，张俭被诬结党营私，被迫逃亡，看到有人家就进去躲避，一路上受人保护。

⑫忍死须臾待杜根：东汉末年，杜根上书要求邓太后还政于汉安帝。太后大怒，命人把杜根装入袋中摔死，执法者同情他，让他逃过一劫。太后死后，他又复官。谭嗣同为自己未能上书太后请其归政光绪而有愧杜根。

⑬去留肝胆两昆仑：出逃或留下来的同志，都是像昆仑山一样顶天立地、忠肝义胆的人。

⑭以：于。

⑮春秋：年龄，年纪。

⑯刚毅：时任朝廷军机大臣，是戊戌变法的坚决反对者。

【文意疏通】

到一八九八年六月初六日，政变就发生了。当时，我正在谭嗣同的寓所拜访他，坐榻上面对面坐着，筹划着救助皇上的办法。忽然有人带来消息，说康有为先生的住处被抄检了，康先生也可能被逮捕了，很快又听说西太后下达了垂帘听政的诏书。谭嗣同从容地告诉我说："以前想救皇上，已经无法可救，现在想救康先生，也已经无法可救。我已经没有事可做，只有等待死期了！虽然这样，天下很多事情知道它不可能做却要做它。您试着进入日本大使馆，拜见伊藤先生，请他发电报给上海领事来救护康先生吧。"

我当天晚上就住在日本使馆，谭嗣同整天不出门，等待逮捕他的人。结果没有人来逮捕他，于是第二天他就来到日本使馆见我，劝我去日本，并且携带了他所著的书和诗文辞稿本数册，还有一箱家信，托付给我，说："没有出走的人，就没有办法谋求将来的事，没有牺牲的人，就没有办法报答贤明的君主。现在康先生的生死不能预料，程婴和公孙杵臼、月照和西乡隆盛，我和您分别充当他们。"于是我们俩互相拥抱一下就分别了。

初七、初八、初九这三天，谭嗣同又和侠士们商议救护皇上，结果没有成功。初十这一天就被捕了。被捕的前一天，有几位日本志士苦苦劝他去日本，谭嗣同不听；再三劝他，他说："各国变法，没有不经过流血就成功的，现在中国没听说有因变法而流血牺牲的人，这是国家不富强的原因啊。有流血牺牲的，请从谭嗣同开始吧。"终于没有离去，所以遭了祸。

谭嗣同被囚禁在监狱里，在狱中的墙壁上题了一首诗："望门投止思张俭，忍死须臾待杜根。我自横刀向天笑，去留肝胆两昆仑。"借以思念南海先生康有为。八月十三日，他被斩于北京南城菜市口，年仅三十三岁。就义的那天，围观的百姓达上万人，谭君慷慨激昂，神情没有丝毫改变。当时军机大臣刚毅监斩，谭君喊刚毅上前来说："我有句话……"刚毅走开不听，于是从容就义。啊！壮烈呀！

【义理揭示】

在戊戌变法中，谭嗣同上书言事，是变法的中坚力量，为的是改变积贫积弱的国家面貌；变法失败后，在有机会避难的情况下，他不肯无声无息地远赴他乡，而宁可选择流血牺牲以唤醒国人，体现出了"苟利国家生死以，岂因祸福避趋之"的品格。

他的死，具有浓重的悲剧色彩，甚至在有些人看来会觉得不值得；但那种挺身而出、慷慨赴难的壮怀激烈和"请自嗣同始"的刚毅勇决，同样体现出了一种"舍我其谁"的勇气和担当。

文化倾听

中华文化中的"我"是一个很有意思的字眼。道家认为"人之所大患在我有身"（《老子》），主张"至人无己"（《庄子·逍遥游》），"无己"就是"无我"，就是要忘记自己的存在，其实归根结底还是要塑造一种超越于一切名缰利锁和凡俗桎梏的理想人格，而理想人格不都是"我"的吗？所以这样做，无非是避祸全身之道罢了，这种以"无我"为途径，来谋求"存我"之真目的，既可以看出深刻的智慧，却也蕴含着些许的无奈。实际上，自我是永远不可消解的，从某种意义上来说，没有自我，世界也就不存在了，因为世界有了万千的自我才富有意义。道家的这种对自我的定位方式和处世策略，在无可奈何之际，自有其现实意义。儒家当然也有乱世中的自全之道，在这一点上与道家是相通的，"文化融合"部分对此还会有所论述，兹不赘言。所不同的是，儒家以自我为中心衍生出了"忠恕之道"：尽己为"忠"，推己及人为"恕"。在"修齐治平"的事功追求中，也是以自我的修养作为起点，逐次提升，最后才是"平天下"的大业。

总的来讲，中华文化对于"我"的价值定位和使命期许总是充满了积极的力量。与西方文化相比，中华文化中的"我"是与天地、自然、历史相融相契，却又能够发挥裹理赞助作用，此所谓"赞天地之化育"而"与天地参矣"，可见对自我的使命期许之深重。然而有意思的是，中华文化中的"我"，在自我称谓上好像又往往显得不重要，从文字学的角度来看，作为第一人称的"我"，抑或"吾""予""余"等，往往隐含着隐忍谦退的意思，至于"臣""仆""不才""牛马走"等谦称，其谦卑的格调则更是不言而明。而在西方文化中，"我"就显得十分重要。三大人称中，只有"I"是一个粗粗的大写，顶天立地，大有"唯我独尊"的味道。可是，如果因此就认为咱们中国人"自我"人格卑微而不足道，那就大错特错了。咱们中国人的"自我"人格谦冲、朴实、温和，同时却又自信、高贵、刚强。我们的理想人格是那种"居天下之广居，立天下之正位，行天下之大道；得志与民由之，不得志独行其道。富贵不能淫，贫贱不能移，威武不能屈"的"大丈夫"。

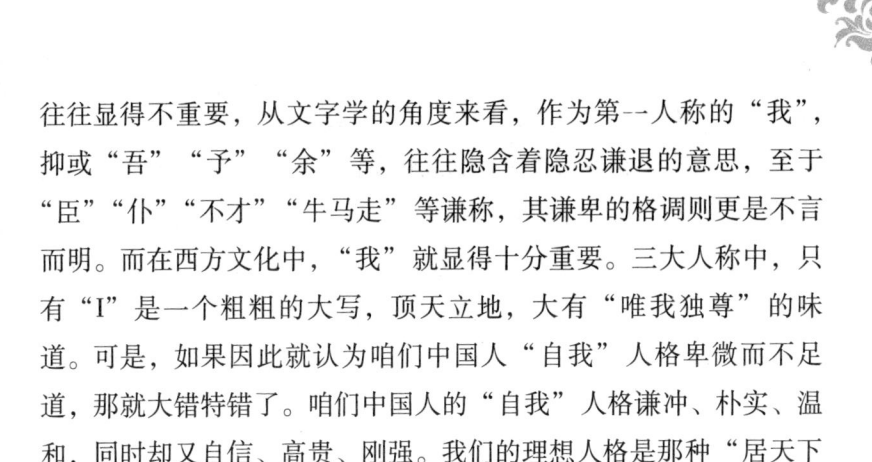

为什么咱们中国人的理想人格是这样的呢？因为咱们中国人是在宇宙自然和社会历史的总体格局里确定自我的位置，而不是像西方文化那样把自我置于这一整体格局之外来确定其存在的意义。在中国文化中，每一个人总是在宇宙自然、社会历史、人伦大道流行运作的大格局里才富有清晰明确而又丰富的意义，因此每一个生命自我的定位很谦卑，但每一个生命对自我的使命期许却很重大，在关键时刻，他要为这一大格局发挥作用，因为"无穷的远方，无数的人们，都和我有关"。所以我们会发现，不管是在盛世中还是危局里，中国文化里的每一个文化生命个体都拥有一种锐身自任、舍我其谁的勇气。这种"舍我其谁"的勇气，有时表现为一种救世精神，有时表现为一种淑世情怀，有时表现为一种名世渴望，有时表现为一种醒世热情。

其实，无论救世淑世也好，名世醒世也罢，那种"方今之世，舍我其谁"的锐气和勇气，归根结底来源于一份以身任道的使命意识，来源于一份立人立世的理想情怀，来源于一份"天生我材"的生命自信。对每一个优秀的中华民族成员来说，"我"是秉承天命而来的，身上承担着历史重托和文化使命。这个世界无论变得混乱还是美好，都与我的生命密切相关，因此，每个人都应该确立一份"扫除天下"的济世理想，满怀热情地参与到社会变革与文明进步的历程中。在追求、实现理想的历程中，方能显出"我"生命的分量。而"我"生命的分量，跟身份地位、权力财富都没有太大关系，而是与"我"的才学德行密切相关，因此，进德修业，修身洁行，做一个品德高尚、才学卓著的人，尽到一个人应该尽到的使命和责任，那么即便天子门前亦可走马，即便位卑身贫亦可"与尊齐操""与贵比德"。

这就是生命的自信和底气。

文化传递

1941年，梁漱溟在香港创办《光明日报》。当年12月太平洋战争爆发，香港沦陷。次年1月10日，为避免日军盘查，他和友人只好搭乘小船偷渡到澳门，然后途经台山、肇庆、梧州等地，最后辗转抵达桂林。

这一次经历，一路上可谓险象环生。先是在离开香港前，有匪徒手持利刃欲行抢劫，梁漱溟一行侥幸逃脱。在逃往澳门的那天晚上，一开始风就很大，但是顺风，小船像箭一样向目的地驶去，后半夜风向突变，小船开始颠簸，又苦又咸的海水不停地溅入口中，小船随时有被海浪掀翻的危险。熬了一天一夜，梁漱溟这只船总算靠岸，但同行的十六只小船中，有十三只船被敌人或海匪劫去，到

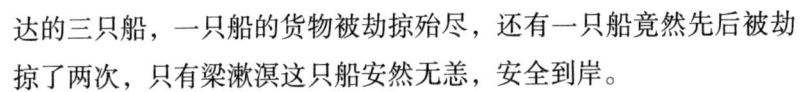

达的三只船，一只船的货物被劫掠殆尽，还有一只船竟然先后被劫掠了两次，只有梁漱溟这只船安然无恙，安全到岸。

抵达桂林后，梁漱溟给两个儿子写了一封家书，这就是著名的《香港脱险寄宽恕两儿》。家书中，他将自己的命运与中国文化的命运、中国社会的命运联系在一起，将自己的生命赋予了历史的意义。其中有这样的话：

我心中何以能这样坦定呢？当然这其间亦有一种天分的，而主要还由于我有一种自喻和自信。自喻，就是自己晓得。我晓得我的安危，不是一个人的问题，而是关系太大的一件事。我相信我的安危自有天命，不用担心。试分别解说一下。

假如我所作所为，只求一个人享乐，那么，我的安危只是我一人之事而已。又若我做事只顾一家人的生活安享，那么，我的安危亦不过关系一家而已。但我不谋衣食，不谋家室，人所共见，你们年纪虽小，亦可看出。我凄凄惶惶究为何事，朋友国人，或深或浅，多有知之者。而晓得最清楚的，当然是我自己。

又假如我虽用心在大问题上，而并无所得，自信不及，那亦就没有何等关系。但我自有知识以来（约十四岁后），便不知不觉萦心于一个人生问题，一个社会问题（或中国问题）。至今年近五十，积年所得，似将成熟一样。这成熟的果实是：一是基于人类生命的认识，而对孔孟之学和中国文化有所领会，并自信能为之说明。一是基于中国社会的认识，而对于解决当前大局问题，以至复兴民族的途径，确有所见，信其为事实之所不易。

他还说：

孔孟之学，现在晦塞不明。或许有人能明白其旨趣，却无人能深见其系基于人类生命的认识而来，并为之先建立他的心理学而后乃阐明其伦理思想。此事为我能做。又必于人类生命有认识，乃有眼光可以判明中国文化在人类文化史上的位置，而指正其得失。此除我外，当世亦无人能做。前人云"为往圣继绝学，为来世开太平"，此正是我一生的使命。《人心与人生》等三本书要写成，我乃可以死得；现在则不能死。又今后的中国大局以至建国工作，亦正需要我，我不能死。我若死，天地将为之变色，历史将为之改辙，那是不可想象的，乃不会有的事！

接下去他又说道：

我说"我的安危自有天命"，包含有两层意思。头一层是自信我一定平安的意思。假如我是一寻常穿衣吃食之人，世界多我一个或少我一个皆没关系，则是安是危，便无从推想，说不定了；但今天的我，将可能完成一非常重大的使命，而且没有第二人代得。从天命上说（从推移凑合上说），有一个今天的我，真好不容易；大概想去前途应当没有问题（没有中变了）。——这一自信，完全为确见我所负使命重大而来。

从家书中可以知悉，梁漱溟自觉地将自己的命运与中国文化的命运、中国社会的命运联系在一起，将自己的生命赋予了历史的意义。在现代文化史上，梁漱溟以"中国文化托命者"自居，被称为"最后的大儒"。这种儒者之狂，所表现出来的其实是一种文化意义上的使命意识和担当精神。

这种"舍我其谁"的文化使命感，在正处于文化转型期的中国当前社会背景下，其意义与价值不言而喻。正如学者许纪霖所说：当前"绝大部分知识分子都是学者专家，为稻粱谋，有专业精神，但不再有以天下为己任的担当。我们还需要梁漱溟式的人物"。

文化感悟

1. "文化典籍"中所列"舍我其谁"的故事,其主角都是历史名人、古代圣贤。你认为生活中的普通人是否也应该具有这种"舍我其谁"的勇气和担当?请结合具体事例阐述你的观点。

2. 从本章所列的文化故事中,你体会到了"舍我其谁"的豪气内在包含着的哪些丰富内涵?读后和同学交流看法和体会。

3. "文化典籍"《平治天下,舍我其谁》和《小子何敢攘焉》中的孔子、孟子和司马迁对于各自承负的文化使命之认识有何异同?

第六章　斯文不丧

文化典籍

一　崔杼弑君

【原文选读】

夏五月①，莒②为且于之役故，莒子朝于齐。甲戌③，飨诸北郭④。崔子称疾，不视事⑤。乙亥，公问崔子⑥，遂从姜氏⑦。姜入于室，与崔子自侧户出。公拊楹而歌⑧。侍人贾举止众从者而入，闭门。甲兴⑨，公登台而请，弗许；请盟，弗许；请自刃于庙，弗许。皆曰："君之臣杼疾病，不能听命。近于公宫，陪臣干掫⑩有淫者，不知二命。"公逾⑪墙。又射之，中股，反队⑫，遂弑之。

晏子立于崔氏之门外，其人⑬曰："死乎？"曰："独吾君也乎哉？吾死也？"曰："行⑭乎？"曰："吾罪也乎哉？吾亡也？""归乎？"曰："君死，安归？君民者⑮，岂以陵⑯民，社稷是主。臣君者,岂为其口实⑰,社稷是养。故君为社稷死,则死之;为社稷亡,则亡之。若为己死,而为己亡,非其私昵⑱,谁敢任⑲之?且人有君而弑之,吾焉得死之⑳?而焉得亡之?将庸何㉑归?"门启而入,枕尸股而哭。兴㉒,三踊㉓而出。人谓崔子:"必杀之!"崔子曰:"民之望㉔也!舍之,得民。"

叔孙宣伯㉕之在齐也,叔孙还㉖纳其女于灵公。嬖㉗,生景公。丁丑㉘,崔杼立而相之。庆封为左相。盟国人于大宫,曰:"所不与崔、庆……"晏子仰天叹曰:"婴所不唯忠于君、利社稷者是与,有如上帝!"乃歃㉙。辛巳㉚,公与大夫及莒子盟㉛。

大史㉜书曰:"崔杼弑其君。"崔子杀之。其弟嗣㉝书,而死者二人。其弟又书,乃舍之。南史氏㉞闻大史尽死,执简以往。闻既书矣,乃还。

(选自《左传·襄公二十五年》)

注释:

①夏五月:指鲁襄公二十五年夏天五月。

②莒(jǔ):周代诸侯国名,在今山东省莒县一带。封为子爵,故其国君称"莒子"。

③甲戌:指五月十六日。甲戌,干支纪日,按顺序第二天五月十七日即乙亥日。

④飨诸北郭:在北城外设宴招待莒国国君。飨,用酒食招待客人。郭,外城墙。

⑤视事:古代指官吏处理公务。

⑥公问崔子:齐庄公前去慰问崔杼。公,这里指齐庄公。

⑦遂从姜氏:从,寻求。姜氏,崔杼之妻。《左传》记载,齐庄公与姜氏私通,"骤(频繁)如(到)崔氏"。

⑧枎楹而歌：轻拍廊柱唱起歌来（使姜氏知道自己在外面）。枎，轻击，轻拍。楹，廊柱，门柱。

⑨甲兴：崔杼埋伏好的甲兵起而攻庄公。甲，甲兵。兴，发动。

⑩干掫（gàn zōu）：亦作"干陬"，指夜间巡逻捕击。

⑪逾：跨过，跳过。

⑫队：通"坠"，坠落，掉落。

⑬其人：应是晏子的随从。

⑭行：这里是出逃的意思，与后面的"亡"同义。

⑮君民者：做老百姓的国君。后面的"臣君者"，意思是做国君的臣子。

⑯陵：通"凌"，欺凌，凌压。

⑰口实：填充嘴巴，意思是吃饭、求取俸禄。

⑱私昵：指亲近、宠爱的人。

⑲任：担当，当得起。

⑳死之：为之而死。后面的"亡之"用法相同。

㉑庸何：怎么，哪里。

㉒兴：站起来。

㉓踊：往上跳，跳跃。

㉔望：有名的人，有声望的人。

㉕叔孙宣伯：鲁国诸卿，名侨如，谥宣。鲁成公十六年奔齐。

㉖叔孙还：齐公子。他把叔孙侨如的女儿嫁给齐灵公，受到宠爱，生了公子杵臼，即后来的齐景公。

㉗嬖：宠幸。

㉘丁丑：五月十九日。

㉙歃：古人盟誓时，嘴唇涂上牲畜的血，表示诚意。

㉚辛巳：五月二十三日。

㉛盟：宣誓缔约。莒子朝齐，遇崔杼作乱，未去，故复与景公盟。

㉜大史：即"太史"，负责记载史事、编写史书、起草文书，兼管国家典

第六章 斯文不丧

籍和天文历法等的史官。

㉝嗣：继承，接续。

㉞南史氏：古代史官通常是父死子继，兄终弟及，即一个家族全部是记录历史实况的，被称为史氏。南史氏是对齐国以南的诸侯国史家的泛称。

【文意疏通】

鲁襄公二十五年的那个夏天，齐国乱了。因为上一年齐国的崔杼率领军队攻打莒国的缘故，这年五月莒国国君前来朝见齐国国君。五月十六日，齐庄公在北城外设宴招待他，崔杼推说生病，故意没有出席。五月十七日，齐庄公前去问候崔杼，乘机又与崔杼的妻子棠姜幽会。姜氏进入内室，和崔杼一起从侧门出去了。对于崔杼的阴谋，齐庄公毫不知情，还傻乎乎地站在门外拍着柱子唱歌，目的是告诉姜氏自己来了。齐庄公的内侍贾举曾经受到庄公的责罚，虽然后来重又取得庄公信任，却一直怀恨在心。他禁止庄公的随从入内，自己走进去，关上大门，这时，崔杼早已埋伏好的甲士们一哄而起。齐庄公见大事不妙，登上高台请求免死，众人不答应；齐庄公请求与崔杼见一面，众人仍然不答应；他又请求在太庙自杀，他们还是不答应。众甲士们都说："君王的下臣崔杼病得厉害，不能听取您的命令。这里靠近齐国国君的宫室，我们这些当差的是在巡夜搜捕淫乱的人，此外不知道有其他命令。"齐庄公情急之下想跳墙逃跑，有人用箭射他，射中了大腿，掉在墙内，于是众人上前杀死了他。

晏子闻难而来，站在崔氏的门外边。他的手下人说："您要为君王去死吗？"晏子说："他是我一个人的国君吗？我为什么要为他而死？"手下人说："您要逃离齐国吗？"晏子说："这是我的罪过吗？我为什么要逃走？"手下人又说："那么我们回去吗？"晏子说："国君死了，回到哪儿去？作为百姓的君主，难道是凌压百姓吗？不是的，作为君主应当主持国政。作为君主的臣下，难道是为了俸禄吗？当然也不是，作为臣子应当保护国家。所以，如果君主为国家而死，那么臣子可以为他而死；如果君主为国家而逃亡，那么臣子可以为他而逃亡。如果君主为自己而死，或者为自己而逃亡，除非是他的私宠，其他人谁当得起这样的骂名呢？况且别人对这个国君想立就立，想杀就杀，我为他寻死觅活算什么名堂？但是他毕竟是我的国君啊，我怎么能够回去呢？"当崔氏的大门打开后，晏子走了进去，趴在齐庄公尸体的大腿边哭了起来，哭完后，他站起来，痛心得顿足不已，然后才走了出去。有人对崔杼说："这个人一定要除掉他！"崔杼说："他是百姓所景仰的人，留他一条命，可以收买人心。"

叔孙宣伯在齐国的时候，叔孙还把叔孙宣伯的女儿嫁给齐灵公，这个女子受到齐灵公宠爱，生了齐景公。五月十九日，崔杼拥立景公做国君，自己出任宰相，庆封担任左相，和居住在国都之内的人们在太公的宗庙结盟，说："如果不依附崔氏、庆氏的……"晏子向天长叹一口气说："我晏婴如果不依附忠君利国的人，上帝明见此心！"于是就与他们歃血。五月二十三日，齐景公和大夫以及莒国国君举行了结盟仪式。

崔杼之乱发生后，齐国太史记载说："崔杼杀了他的国君。"崔杼杀死了这位太史。他的弟弟接着还是这样写，又死了两个人。太史还有一个弟弟仍然这样写，崔杼没有办法，只好不杀了。南方有个诸侯国的太史听说齐国太史都死了，拿了照样写就的竹简前往齐国，听到已经如实记载了，这才回去。

【义理揭示】

齐庄公为君而不循为君之道,以致死于非命;崔杼为臣而不守为臣之道,竟致弑君更立。齐国太史一家,拼却性命也要把这祸乱之事书于丹青之上,就是要通过历史记录的方式,在这生生不息的文化流传中留住一脉正气,为荒淫之君警,使乱臣贼子惧。

作为一代贤臣,晏子的所作所为,从侧面树立了一个为臣的榜样。当荒淫的齐庄公死后,他尽忠却不愚忠;当跋扈的崔杼把持国政时,他同流而不合污。他一切以国家社稷为重来决定其用舍行止,表现出了一代"社稷之臣"的品格和操守,这与"佞幸之臣"和"权奸之臣"形成了鲜明对比,成为千百年贤臣名相的传统和典范。

二 子路问津

【原文选读】

长沮、桀溺耦而耕①。孔子过之,使子路问津②焉③。

长沮曰:"夫执舆者为谁④?"子路曰:"为孔丘。"曰:"是鲁孔丘与?"曰:"是也。"曰:"是知津矣!"

问于桀溺。桀溺曰:"子为谁?"曰:"为仲由。"曰:"是鲁孔丘之徒与?"对曰:"然。"曰:"滔滔⑤者,天下皆是也,而谁以易之⑥?且而⑦与其从辟人之士⑧也,岂若从辟世之士⑨哉?"耰⑩而不辍⑪。

子路行以告,夫子怃然⑫曰:"鸟兽不可与同群,吾非斯人之徒与而谁与⑬?天下有道,丘不与易也⑭。"

(《论语·微子第十八》)

注释：

①长沮（jù）、桀溺耦（ǒu）而耕：指两个身材高大魁梧的人在水洼地里劳动。长，形容身材高大；桀，通"杰"，形容身材魁梧。沮，低湿的洼地。溺，指浸在水洼中。耦而耕，两人并耕。

②问津：询问渡口的所在。津，渡口。

③焉：兼词，于之，向他们。

④夫（fú）执舆者为谁：那个驾车的人是谁？夫，代词，那；执舆，驾车。

⑤滔滔：水弥漫的样子，比喻世上的纷乱。因问渡口，故借水作比喻。

⑥而谁以易之：谁又能够改变这种混乱的局面呢？易，改变。

⑦而：通"尔"，你，指子路。

⑧辟人之士：指孔子，因孔子对于与自己思想不合的人避之唯恐不及。辟，通"避"。

⑨辟世之士：指隐者，长沮、桀溺自谓。

⑩耰（yōu）：用土把种子盖住。

⑪辍：停止。

⑫怃然：怅然，失意。

⑬吾非斯人之徒与而谁与这句话是说，我们不跟人群在一起还跟谁在一起呢？这是说不能隐居。斯，这。徒，徒众。与，交往。

⑭天下有道，丘不与易也：倘若天下有道，我就没有必要参与改变世道的工作了。

【文意疏通】

孔子周游列国的时候，遇到一条河流挡住了去路。正走投无路时，看到在不远处一块低洼的湿地里两个身材高大魁梧的人（姑且叫他们"长沮"和"桀溺"吧）正一起耕田，就让子路去询问在哪里能够找到渡口。

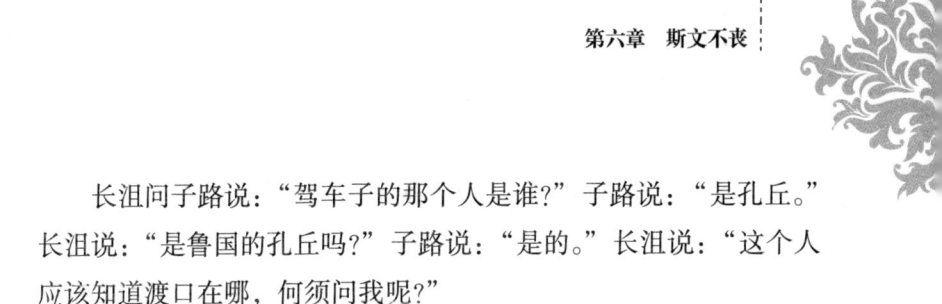

长沮问子路说:"驾车子的那个人是谁?"子路说:"是孔丘。"长沮说:"是鲁国的孔丘吗?"子路说:"是的。"长沮说:"这个人应该知道渡口在哪,何须问我呢?"

子路又去问桀溺。桀溺说:"你是谁?"子路说:"我是仲由。"桀溺说:"你是鲁国孔丘的弟子仲由吗?"子路回答说:"是的。"桀溺说:"天下已经乱得好像滔滔的洪水,到处都是这样,谁能改变得了呢?你与其跟着孔丘那种躲避坏人的人,还不如跟着我们这些躲避乱世而隐居的人呢!"说完,就不停地往种子上盖土。

子路回来把他遇到的这些情形告诉孔子。孔子失望地叹息说:"我们毕竟是人啊!人是不能跟鸟兽一起混居山林的,而必须在社会中生活的。既然这样,那么不跟世人待在一起又跟谁在一起呢?天下如果太平,我孔丘就没有必要参与这改变世道的工作了。"

【义理揭示】

孔子从"仁者爱人"的立场出发,想要拯救斯民于水火,这种为世而忧,为国而忧,为民而忧,为时而忧,身处逆境而心忧天下的胸襟抱负是很宝贵的,是儒家精神的精髓。

"津"在文中有双重含义,一方面是指自然意义上的渡口,另一方面是指现实生活中人生道路的选择,无论从哪一种意义上来说,这个小故事都表现了孔子四处碰壁而志向不改,走投无路却毫不懈怠的崇高精神境界,这种坚贞不移、锲而不舍的入世精神已经融入传统士大夫的人格。

从孔子的话中我们还可以领悟到,人是社会性的动物,不能离开社会而独自生活,否则就失去了作为一个人存在的价值。作为一个人,理应关心人、同情人,尽自己的力量改造社会,在平息社会

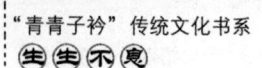

动乱、革除民生痛苦的事业中奉献自己的一分力量。

三 天地不言

【原文选读】

子曰:"予欲无言。"子贡曰:"子如不言,则小子何述①焉?"子曰:"天何言哉?四时行焉,百物生焉,天何言哉?"

(《论语·阳货》)

天地有大美而不言,四时有明法②而不议,万物有成理③而不说。圣人者,原④天地之美而达⑤万物之理。是故至人无为,大圣不作,观于天地之谓也。

(《庄子·知北游》)

注释:

①述:传述,传承。
②明法:明显的规律。
③成理:成长的机理。
④原:探究,推究。
⑤达:通晓,彻察。

【文意疏通】

孔子说:"我不想说话了。"子贡说:"先生您如果不说话,那么我们这些学生还传述什么呢?"孔子说:"天何尝说话呢?四季照常运行,百物照样生长。天说了什么话呢?"

天地有大美却不言语,四时有分明的规律却不辩说,自然万物都有成长的机理却不说话。圣哲之人,探究天地伟大的美而通晓万物生长的道理,所以"至人"顺应自然无所作为,"大圣"也不会妄加行动,说的就是他们对于天地具有深入细致的观察。

【义理揭示】

在天地面前,不管是儒家的代表人物孔子,还是多年后的道家代表人物庄子,都不约而同地作出了"无言"的选择。这是对天地大美、四时万类、品物流形的至高无上的歌颂和赞美。

这种对天地自然的敬顺、钦慕之情,是我们中国人特有的情感和心理传统,每个中国人是作为"天民"而安然恬静地处在天地之间,与造化合一,与万物共生,而不像西方文化那样,每个人与天地相分离,与世界相对立,如上帝失落在人间的"迷途的羔羊"般迷惘、惶惑、惊恐。

四 天生德于予

【原文选读】

公伯寮①愬②子路于季孙③。子服景伯④以告,曰:"夫子⑤固有惑志于公伯寮,吾力犹能肆⑥诸市朝。"子曰:"道之将行也与,命也;道之将废也与,命也。公伯寮其如命何!"

(《论语·宪问第十四》)

孔子过宋,与弟子习礼大树下,桓魋⑦伐其树,孔子去。弟子曰:"可以速⑧矣。"子曰:"天生德于予,桓魋其如予何?"遂之郑。

(司马迁《史记·孔子世家》)

注释：

①公伯寮：公伯氏，名寮，字子周，春秋末年鲁国人，与子路同为季孙氏的家臣。

②愬，通"诉"，这里有谗毁的意思。

③季孙，鲁国正卿，此指季康子。

④子服景伯：鲁国大夫，姓子服，名何。

⑤夫子：这里指季孙。

⑥肆：古代指人处死刑后暴尸示众。

⑦桓魋（tuí）：宋国的司马，主管军事行政。

⑧速：加速，赶快。

【文意疏通】

公伯寮在季孙面前毁谤子路。子服景伯把这件事告诉孔子，说："季孙虽然已被公伯寮迷惑了，但我的力量还可以把公伯寮杀了，把他陈尸街头示众。"孔子说："大道如果将会实行，这是天命；大道如果将被废止，这也是天命。公伯寮能把天命怎么样呢！"

孔子周游列国，由于厌恶卫灵公好色而不好德，就离开卫国，途中经过宋国。桓魋当时担任宋国的司马，很有权势，怕孔子师徒如果留在宋国受到重用，会影响到他的权势。这天，孔子和弟子们在大树下演习周礼的礼仪。桓魋听说以后，就带兵前去谋害孔子。他砍倒了那棵大树，想要害死孔子，孔子连忙在学生的保护下逃离宋国。在逃跑途中，弟子们催促孔子说："事态很紧急，您可要快点儿呀！"孔子从容淡定地说："上天生下了我，又赋予我历史、文化的责任，桓魋又能把我怎么样呢？"于是就到郑国去了。

【义理揭示】

公伯寮谗毁子路，子服景伯很生气，但孔子却很平静——"公伯寮其如命何？"

桓魋试图加害孔子，弟子们很恐慌，但孔子却很镇静——"桓魋其如予何？"

这种平静和镇静，不只源自孔子个人的修养造诣，更重要的是他对自我使命的觉解——因为承担着弘扬文化、推行大道、平治天下的使命，因此，一个人的遭际与安危便不再是偶然事件，其中蕴含着历史的必然，这也就是孔子所说的"命"。这种使命的文化觉解，赋予孔子以强烈的生命自信——肩负使命的生命个体是历史和文化进程中一个巨大的存在，任何宵小之徒，都不可能撼动它。

五 孟子不遇鲁侯

【原文选读】

鲁平公将出。嬖人①臧仓者请曰："他日君出，则必命有司所之②。今乘舆③已驾矣，有司未知所之，敢请。"

公曰："将见孟子。"

曰："何哉，君所为轻身以先于匹夫者？④以为贤乎？礼义由贤者出；而孟子之后丧逾前丧⑤。君无⑥见焉！"

公曰："诺。"

乐正子⑦入见，曰："君奚为⑧不见孟轲也？"

曰："或告寡人曰：'孟子之后丧逾前丧'，是以不往见也。"

曰："何哉，君所谓逾者？前以士，后以大夫⑨；前以三鼎，而后以五鼎与⑩?"

曰:"否;谓棺椁衣衾之美也。"曰:"非所谓逾也,贫富不同也。"

乐正子见孟子,曰:"克告于君,君为来见也。嬖人有臧仓者沮⑪君,君是以不果来⑫也。"

曰:"行,或使之;止,或尼⑬之。行止,非人所能也。吾之不遇鲁侯,天也。臧氏之子焉能使予不遇哉?"

(选自《孟子·梁惠王下》)

注释:

①嬖(bì)人:被宠幸的人。嬖,宠幸。

②所之:所去的地方。之,去,往。

③乘(shèng)舆:古代特指天子和诸侯所乘坐的车子。

④身能为轻身以先于匹夫者:这是一个倒装句,古代疑问句或感叹句多用这种句式。下文"何哉,君所谓逾者?"句式相同。

⑤后丧逾前丧:孟子为母亲办丧事的规格超过为父亲办丧事的规格。孟子父亲比母亲先亡,故云。

⑥无:通"毋",不要。

⑦乐正子:孟子的弟子,姓乐正,名克,当时正在鲁国做官。所著《学记》是世界上最早集中系统论述教育的专著。

⑧奚为:为什么。奚,什么,代词。

⑨前以士,后以大夫:以士礼为父亲办丧事,以大夫礼为母亲办丧事。

⑩前以三鼎,而后以五鼎与:给父亲办丧事用了三只鼎,给母亲办丧事用了五只鼎吗。与,通"欤"。

⑪沮(jǔ):阻止。

⑫不果来:没有来成。果,实现,指事情与预期相合。

⑬尼:安定,平和,这里引申为制止。

第六章　斯文不丧

【文意疏通】

　　鲁平公准备外出，有个名叫臧仓的侍从前来请示："君主以前每次外出，都是先告诉有关部门要去哪里，现在车马都备好了，属下人员还不知您要到什么地方，因此前来探问一声。"

　　鲁平公回答："我准备去拜访孟子。"

　　臧仓劝说道："为什么您不顾君主的高贵身份，先去拜访一个普通人呢？因为他有高尚的品德吗？品德高尚的人自然会遵循仪礼道义，可孟子埋葬其母亲的规格远远超过他的父亲，明显违背礼制。这样的人，您还是不要去见他吧！"

　　鲁平公说："那好吧！"

　　过了一会儿，乐正子进见，问鲁平公："君主您为何没如约前去拜访孟子呢？"

　　鲁平公说："有人跟我说：'孟子葬母使用了比葬父亲更高的规格。'所以我没有去。"

　　乐正子问："您说的葬母超过葬父，是指什么呢？对父亲按平民礼制、对母亲按贵族礼制吗，还是葬父用了三只鼎，葬母用了五只鼎？"

　　鲁平公说："不是这些。我是指棺椁和衣服被褥等的精美程度不同。"

　　乐正子说："这不算违背礼制，只是他葬父和葬母时的贫富情况有了变化而已。"

　　乐正子又去孟子处，说："我跟国君谈过，他也答应来见您。但是有个叫臧仓的侍从劝阻国君，所以国君没有如约前来。"

　　孟子说："走有走的道理，停有停的道理。对某件事情的干与不干，不是某个人可以左右的。我见不上鲁国国君，这是天意，否则一个姓臧的就能让我见不上国君吗?"

【义理揭示】

臧仓阻止鲁平公见孟子,乐正克很无奈,但孟子却很豁达:"吾之不遇鲁侯,天也。臧氏之子焉能使予不遇哉?"

孟子所说的"天",与上一篇中孔子所说的"命"意思相同,是历史发展的规律和文化进程的走向。不管孔子还是孟子,在挫折面前,不怨天,不尤人,这种豁达开阔的境界,直如光风霁月,令人感佩。他们站在了"天"与"命"的高度,因此便能积极入世而又超然物外,既有矢志不渝、穷且益坚的决心与毅力,又有超越于一得一失的胸襟与气度。

六 天行有常

【原文选读】

天行有常,不为尧存,不为桀亡①。应②之以治③则吉,应之以乱则凶。强本④而节用,则天不能贫。养备而动时⑤,则天不能病⑥。修道而不贰⑦,则天不能祸。故水旱不能使之饥,寒暑不能使之疾,妖怪⑧不能使之凶。本荒而用侈,则天不能使之富。养略而动罕⑨,则天不能使之全。倍⑩道而妄行,则天不能使之吉。故水旱未至而饥,寒暑未薄⑪而疾,妖怪未至而凶。受时与治世同,而殃祸与治世异,不可以怨天,其道然也。故明于天人之分⑫,则可谓至人矣。

(选自《荀子·天论》)

第六章　斯文不丧

注释：

①天行有常，不为尧存，不为桀亡：大自然的运行有其自身规律，这个规律不会因为君主圣明或者暴虐而改变。天，客观自然。尧，泛指德行高尚的圣明君主。桀，指代荒淫暴虐昏庸无道的君主。

②应：适应，对待。

③治：有条理、合正道的措施。

④本：这里指农业生产。

⑤养备而动时：衣食等生活必需品储备充足并按照时令安排生产活动。备，充足。动时，即"动以时"，依时令而动。

⑥病：困苦。这里用作使动。

⑦修道而不贰：据王念孙考证，应为"循道而不贷"。道，自然规律。贷，通"忒"（tè），差错。

⑧妖怪：指怪异反常的自然现象。

⑨养略而动罕：给养储备很少却又懒于从事生产劳动。略，简略。罕，稀少。

⑩倍：通"背"，违背，违逆。

⑪薄：迫近。

⑫天人之分（fèn）：自然与人事不同的功能与职分。分，职分。

【文意疏通】

上天的运行有一定的规律，不会因为君主至圣至贤就存在，也不会因为君主昏庸无道就丧失了。用合乎正道的措施适应它就吉利，用违反客观规律的措施对待它就凶险。加强农业生产而节约用度，那么天不能让人贫穷。衣食准备充足并按照时令安排生产活动，那么天不可能使人困苦；依循礼义正道而没有什么差错，那么老天不能加祸给人。所以水灾旱灾不能让人饥荒，冷热变化不能让人生病，怪异反常的自然现象不可能使人陷入凶险。荒废农业生产而用度奢侈，那么天也不能让人富有。给养储备很少却又懒于从事生产劳动，那么天也不能让人保全。违背自然规律而胡作非为，那么天也不能让人吉祥。所以水灾旱灾还没来就闹饥荒了，严寒酷暑还没迫近就生病了，自然灾害还没发生就有了凶险。这些所接受的时间和治世完全相同，然而灾殃灾祸却和治世不一样，这不可以怨天，都是人的作为造成的。所以弄清楚自然和人不同的职分，那就可以称得上是至人了。

【义理揭示】

中国古人有这样的观念："谋事在人，成事在天。"天行有常，不以人的意志为转移。而人生于天地之间，不应完全匍匐于"天命"之下，而是应该做好自己应该做好的事，尽到自己应该尽到的责任，这就是"明乎天人之分"。

可见，中国人一方面在天地之间恰当地安顿好自己的位置，一方面确立"实践"和"省思"的为人行事观念。要坚信"为者常成，行者常至"，勤勤恳恳地履行为人应尽的职分；而事有不成，则反求诸己，不怨天，不尤人，未雨而绸缪，乐天而知命，勇猛精进而又恬然安顺。

七 王孙满对楚子

【原文选读】

楚子①伐陆浑之戎②，遂至于雒③，观兵④于周疆。定王⑤使王孙满⑥劳⑦楚子。楚子问鼎⑧之大小轻重焉。

对曰："在德不在鼎。昔夏之方有德也，远方图物⑨，贡金九牧⑩，铸鼎象物⑪，百物而为之备，使民知神奸⑫。故民入川泽山林，不逢不若⑬。螭魅⑭罔两⑮，莫能逢之。用⑯能协于上下，以承天休⑰。桀有昏德，鼎迁于商，载祀六百⑱。商纣暴虐，鼎迁于周。德之休明⑲，虽小，重也。其奸回⑳昏乱，虽大，轻也。天祚明德㉑，有所厎止㉒。成王定鼎于郏鄏㉓，卜世㉔三十，卜年七百，天所命也。周德虽衰，天命未改。鼎之轻重，未可问也。"

（选自《左传·宣公三年》）

注释：

①楚子：楚国国君封为子爵，在诸侯中爵位较低，故称楚子，这里指楚庄王，公元前613年至前591年在位。

②陆浑之戎：古戎人的一支。也叫允姓之戎。原在秦晋的西北，春秋时，被秦晋诱迫，迁到伊川（今河南伊河流域），周景王二十年（前525）为晋所并。

③雒（luò）：指雒水，今作洛水。发源于陕西，经河南流入黄河。

④观兵：检阅军队以显示军威。

⑤定王：襄王的孙子，名瑜，周朝第二十一位王，公元前606年至前586年在位。

⑥王孙满：周大夫，周共王的玄孙。

⑦劳：慰劳，慰问。

⑧鼎：即九鼎。相传夏禹收九牧所贡金铸成九个大鼎，象征九州，夏商周三代奉为传国之宝，是王权的象征。楚庄王问鼎的大小轻重，表现出他觊觎王权的野心。

⑨远方图物：远方的人们把各种事物绘制成图象。图，画。

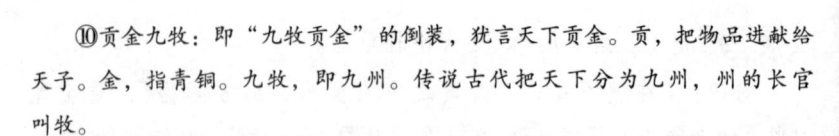

⑩贡金九牧：即"九牧贡金"的倒装，犹言天下贡金。贡，把物品进献给天子。金，指青铜。九牧，即九州。传说古代把天下分为九州，州的长官叫牧。

⑪铸鼎象物：用九州的贡金铸成鼎，把各种东西的图象铸在鼎上。

⑫神奸：神物和邪物。

⑬不逢不若：不会遇到不顺的东西。若，顺，顺从。

⑭螭魅（chī mèi）：也作"魑魅"。传说山林里能害人的妖怪。

⑮罔两（wǎng liǎng）：现在写为"魍魉"，传说中河川里的精怪。

⑯用：因。

⑰协于上下，以承天休：上下协和而秉承上天的福禄。休，福禄，吉兆。

⑱载祀六百：传国六百年。祀，与"载"同为"年""岁"的意思。

⑲休明：美善光明。休，美善。

⑳奸回：奸恶邪僻。

㉑天祚明德：上天保佑德行光明的人。祚（zuò），赐福，保佑。明德，美德，这里指明德的人。

㉒底（dǐ）止：固定。底，至，终。

㉓成王定鼎于郏鄏：周成王在郏鄏定都。定鼎，即定都，九鼎为古代传国重器，鼎之所在，即王都所在。郏鄏（jiá rǔ）：地名。周王城所在，在今河南洛阳市西。

㉔卜（bǔ）：占卜。古人用火灼龟甲，根据灼开的裂纹来预测未来吉凶。世：父子相继为一世。

【文意疏通】

楚庄王攻打陆浑之戎，于是来到雒水，在周朝的疆界内检阅军队。周定王派王孙满去慰劳楚庄王。楚庄王向他问起九鼎的大小轻重。

王孙满回答说："这决定于君主的德行而不在于鼎的本身。往

昔夏朝开始实行德政的时候，远方的人们把各种事物都绘制成图像，九州的长官贡献了铜，铸成九鼎，把各种奇形异状的神怪图像都铸在鼎上，万物皆备，让人民认识神物与妖怪。因此，人民进入川泽山林，就不会碰上有危害的东西。山林水泽中的妖怪，都不会遇上。因而能使上上下下的人们和睦相处，以承受上天的保佑。夏桀德行败坏昏乱，九鼎迁移到商朝，经历了六百年。商纣王暴虐无道，九鼎又转移到周朝。德行如果美好光明，鼎虽小，分量却很重；如果奸邪昏乱，鼎虽大，分量也是轻的。上天赐福给有美德的人，有固定的原则，不是随意可以改变的。成王把九鼎固定在郏鄏，占卜的结果是传世三十代，享国七百年，这是天命所决定的。周朝的德行虽然衰减了，天命并没有改变。九鼎的轻重，是不能问的。"

【义理揭示】

面对飞扬跋扈、气势汹汹、蛮横无理的楚庄王，王孙满凭着忠诚和睿智，一语道破其问鼎的野心。他由鼎的轻重引申到德的轻重，指出周王朝的命数是天定的，天命难违，任何人都无法改变。

王孙满对楚庄王的回答，高高标举"德"的重要性。其实，不管是"为国"，还是"为人"，德行永远是最重要的，"天祚明德，有所底止"，妄图以昏乱之举、狂悖之行来满足贪求之心，是不会得逞的。

八 司马迁著《史记》

【原文选读】

是岁[①]，天子始建汉家之封[②]，而太史公[③]留滞周南[④]，不得与[⑤]从事，发愤且卒。而子迁适反，见父于河洛之间。太史公执迁手而泣曰："予先，周室之太史也。自上世尝显功名虞夏，典天官事[⑥]。后世中衰，绝于予乎？汝复为太史，则续吾祖矣。今天子接千岁之统[⑦]，封泰山，而予不得从行，是命也夫！命也夫！予死，尔必为太史；为太史，毋忘吾所欲论著矣。且夫孝，始于事亲，中于事君，终身，扬名于后世，以显父母，此孝之大也。夫天下称周公，言其能论歌文武[⑧]之德，宣周召之风[⑨]，达大王[⑩]王季[⑪]思虑，爰及公刘[⑫]，以尊后稷[⑬]也。幽厉之后，王道缺，礼乐衰，孔子修旧起废，论《诗》《书》，作《春秋》，则学者至今则[⑭]之。自获麟[⑮]以来四百有余岁，而诸侯相兼，史记放绝[⑯]。今汉兴，海内一统，明主贤君，忠臣义士，予为太史而不论载，废天下之文，予甚惧焉，尔其念哉！"迁俯首流涕曰："小子不敏，请悉论[⑰]先人所次[⑱]旧闻，不敢阙[⑲]。"

卒三岁，而迁为太史令，䌷[⑳]史记石室金匮[㉑]之书。……于是论次其文。十年而遭李陵之祸[㉒]，幽于缧绁[㉓]。乃喟然而叹曰："是余之罪夫！身亏不用矣。"退而深惟[㉔]曰："夫《诗》《书》隐约[㉕]者，欲遂[㉖]其志之思也。"卒述陶唐[㉗]以来，至于麟止[㉘]，自黄帝始。

（选自东汉·班固《汉书·司马迁传》）

注释：

①是岁：指汉武帝元封元年（前110）。

②封：帝王筑坛祭天为"封"，祭地为"禅（shàn）"。

③太史公：这里指司马迁的父亲司马谈。

④周南：指今洛阳一带。西周成王时，周公与召公分陕（在今河南三门峡市）而治，陕以西称召南，陕以东称周南。

⑤与：参加。

⑥典天官事：掌管天文历法。典，掌管。天官，天文、天象。

⑦接千岁之统：指汉武帝继周成王绪业而封禅。据《史记·封禅书》云，西周成王曾登封泰山。自周成王至汉武帝封禅约九百年。

⑧文武：周文王、周武王。

⑨周召之风：周公、召公的风范。风，风范。

⑩大王：指周文王的祖父古公亶父。大，通"太"。

⑪王季：即季历，古公亶父之少子，周文王之父。

⑫公刘：古代周族首领，曾率周族迁至豳（今陕西旬邑）。

⑬后稷：古代周族的始祖。传说他是开始种稷和麦的人。

⑭则：效法。

⑮获麟：指鲁哀公十四年（前481）西狩获麟。

⑯史记放绝：历史记载废弃。

⑰论：引述和编撰之意。

⑱次：顺序记事之意。

⑲阙（quē）：通"缺"。

⑳紬（chōu）：抽引，理出丝缕的头绪，引申为整理研究。

㉑石室金鐀（guì）：都是汉朝藏书之处。鐀，通"柜"。

㉒李陵之祸：汉武帝天汉二年（前99），李陵征匈奴兵败投降，司马迁为李陵辩说而触怒武帝，于天汉三年遭受宫刑。

㉓缧绁（léi xiè）：拘禁犯人的绳索，引申为牢狱。

㉔惟：思考。

㉕隐约：谓义深言简。

㉖遂：实现，完成。

㉗陶唐：指尧。

㉘至于麟止：到汉武帝获麟为止。

【文意疏通】

公元前110年，天子开始举行汉朝的封禅典礼，而太史公司马谈被留在周南，不能参与其事，因此心中愤懑得病将要死去。他的儿子司马迁恰巧在这时出使返回，在洛阳见到了父亲。司马谈抓着司马迁的手流着泪说："我们的祖先，是周朝的太史。远在上古虞舜夏禹时就取得过显赫的功名，主管天文工作。后来衰落了，难道要断送在我这里吗？你继为太史，就可以接续我们祖先的事业了。如今天子继承汉朝千年一统的大业，到泰山封禅，而我不得从行，这是命中注定啊！命中注定啊！我死以后，你一定会做太史；做了太史，你千万不要忘记我要编写的论著啊。况且孝，是从侍奉双亲开始的，中间经过侍奉君主，最终能够在社会上立足，扬名于后世，光耀父母，这是孝道中最主要的。天下称颂周公，是说他能够歌颂周文王、周武王的功德，宣扬周公、召公的遗风，使人懂得周太王、王季的思想，以及公刘的功业，以使始祖后稷受到尊崇。周幽王、周厉王以后，王道衰落，礼乐损坏，孔子研究、整理旧有的文献典籍，振兴被废弃了的王道和礼乐。整理《诗》《书》，著作《春秋》，直到今天，学者们仍以此为法则。从鲁哀公获麟到现在四百多年了，其间由于诸侯兼并混战，史书丢散，记载中断。如今汉朝兴起，海内统一，贤明的君主、忠义的臣子的事迹，我作为太史

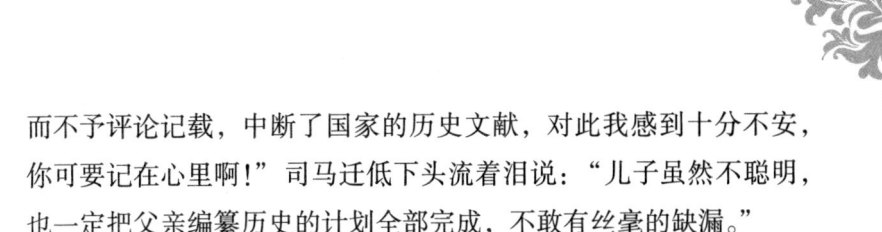

而不予评论记载，中断了国家的历史文献，对此我感到十分不安，你可要记在心里啊！"司马迁低下头流着泪说："儿子虽然不聪明，也一定把父亲编纂历史的计划全部完成，不敢有丝毫的缺漏。"

太史公死后三年，司马迁做了太史令，开始阅读和摘抄了石室金柜收藏的图书档案，缀集历史书籍及国家收藏的档案文献，按次序论述和编写其书。写作的第十年，司马迁遭受李陵之祸，被关进了监狱。在狱中他长叹道："这是我的罪过啊！身体残废没有用了。"事后仔细思量道："《诗》《书》之所以含义隐微而言辞简约，是作者想要借此更好地表达他们的心志和情绪。"于是终于下定决心记述陶唐以来直到武帝获麟那一年的历史，而从黄帝开始写起。

【义理揭示】

司马谈临终遗言"吾甚惧焉"，是对其未尽到史官责任的反省与自责。他认为，自己身为史官，肩负着留存历史记忆、绍续文化传统的使命与责任。为太史而不论载，就是有辱历史使命，未尽史官职责。

司马迁秉承其父遗志而著《史记》，不仅留下了足以彪炳千秋的皇皇巨著，也昭彰了我们的文化传统，那就是，一个人不管遭遇什么挫折磨难，总要对自己、对父母、对历史有个交代，生命因为这份责任和担当而变得厚重丰实。

九 西铭

【原文选读】

乾称父，坤称母①；予兹藐焉②，乃混然中处③。故天地之塞，吾其体④；天地之帅，吾其性⑤。民，吾同胞；物，吾与⑥也。

尊高年，所以长其长⑦；慈孤弱，所以幼其幼⑧；圣，其合德⑨；贤，其秀⑩也。凡天下疲癃⑪、残疾、惸独⑫、鳏寡⑬，皆吾兄弟之颠连而无告者⑭也。

于时保之，子之翼⑮也；乐且不忧，纯乎孝者也。违曰悖德，害仁曰贼，济恶者不才⑯，其践形⑰，惟肖⑱者也。

知化⑲则善述⑳其事，穷神则善继其志。不愧屋漏为无忝㉑，存心养性为匪懈㉒。

富贵福泽，将厚吾之生也；贫贱忧戚，庸玉汝于成㉓也。存，吾顺事；没㉔，吾宁也。

（选自北宋·张载《正蒙·乾称篇》）

注释：

①乾称父，坤称母：乾，即天，代表阳刚，故称父。坤，即地，代表阴柔，故称母。

②予兹藐焉：我在其中这么微弱渺小啊。予，我。兹，这么。藐，弱小，渺小。焉，兼词。

③混然中处：指人的形气与天地混合无间。中处，处于天地之中。

④天地之塞，吾其体：充塞于天地之间的阴阳二气，是我的生命本体。

⑤天地之帅，吾其性：主宰天地的乾之刚健与坤之柔顺，成就了我生命的本性。帅，主宰。

⑥物，吾与：天地万物都是与我同类的生命存在。物，指人类之外的自然万物。与，同类。

⑦长其长：尊重那些年长之人。

⑧幼其幼：爱抚那些年幼之人。

⑨合德：与天地德行相合为一。

⑩秀：优异，突出，这里指特别优异的人。

⑪疲癃（lóng）：曲腰高背之病。这里泛指衰老龙钟、苦难多病的人。

⑫惸（qióng）独：孤苦伶仃的人。惸，没有兄弟的人，引申为孤独。

⑬鳏（guān）寡：老而无妻或无夫的人，引申指老弱孤苦者。

⑭颠连而无告者：艰难困顿而又无可诉告的人。

⑮翼：帮助，辅佐。

⑯济恶者不才：助长作恶的人是天地父母不成才的儿子。济，帮助。不才，不成才。

⑰践形：以自身形体践行天地之德。践，实现，实行。

⑱肖：相似。

⑲化：化育万物。

⑳述：传述。

㉑不愧屋漏为无忝（tiǎn）：身处在暗地也能做到心地光明磊落，因而无所惭愧。屋漏，宗庙西北角，引申为屋中深处和暗处。忝，有愧于。

㉒匪懈：毫不懈怠。匪，通"非"。

㉓庸玉汝于成：用来磨炼你，使你成功。庸，用。

㉔没：通"殁"，死亡。

【文意疏通】

《西铭》原名《订顽》，是张载的著作《正蒙》中的一部分，他曾将此篇录于学堂双牖的右侧，故其后程颐称之为《西铭》。在这篇文章中，张载认为，《易经》的乾卦，表示天道创造的奥秘，称作万物之父；坤卦表示万物生成的法则，称作万物之母。我如此的藐小，却集天地之道于一身，而处于天地之间。这样看来，我的形色之体充塞于天地之间；而统率天地万物以成其变化的，就是我的天然本性。万民百姓都是与我一母同胞的兄弟姊妹，而天地万物都是与我息息相关的生命存在。

尊敬高寿者的意义，是为了礼敬同胞中年长的人；慈爱孤苦弱小者的意义，是为了爱抚同胞中的幼弱之人。所谓圣人，就是那些与天地刚健与柔顺之德相合的人；而贤人就是其中那些优异秀出之辈。天底下无论是衰老龙钟或有残疾的人、孤苦无依之人或鳏夫寡妇，都是我困苦而无处诉说的兄弟。

及时地保育他们，是子女对天地父母应有的协助。以保育众生为乐而使天地父母免于忧虑，是对天地父母最纯粹的孝顺。若是违背了天地父母这样的意旨，就叫作"悖德"，如果伤害天地的好生之仁德，就叫作"贼"。助长凶恶的人是天地父母不成才之子，而那些能够将天性表现于形色之身的人就类似于乾坤父母的孝子。

能了知造物者善化万物的功业，才算是善于继述天地父母的事迹；能洞悉天地万物的奥妙，才算是善于继承天地父母的志愿。即便在隐僻独处之地也能对得起天地神明而无愧无怍，才算无辱于天地父母；时时存仁心、养天性，才算是侍天奉天无所懈怠……

富贵福禄的恩泽，可以让我们生活得衣食无忧、物质丰厚；贫贱忧戚的遭遇，是用来成就我们的品格和事业的。活着的时候，我顺受天地间的各种人事际遇；死的时候，我就能心安理得，安宁而逝了。

【义理揭示】

这篇铭文以极为精简的语言，为人们构筑了一个精神家园，建构了一个"天下一家""中国一人"的宇宙社会观，为构建社会理想蓝图创造了一个宏阔的境界。

在宇宙万物之中，天地相互交感而创生万物，至诚无私庇养万物，是乾坤精神最伟大的体现，故堪称人类万物共同的父母；人类和万物则共同禀受天地而生，故自我和他人为相互依存的血脉同胞，万物和人类是亲密无间的友好伙伴。"民，吾同胞；物，吾与也。"这一放射光辉的思想，赋予生命以义理良知，将人对自我生命的觉悟提升到仁民爱物的精神高度。

张载重构了天地间一切存在者的亲和关系，对现代和谐社会、生态社会的建构具有积极的启示作用。

十 李二曲称疾

【原文选读】

李颙①，字中孚，盩厔②人。又字二曲，二曲者，水曲曰盩，山曲曰厔也。布衣安贫，以理学倡导关中，关中士子多宗③之。

康熙十八年，荐举博学鸿儒，称疾笃④，舁⑤床至省，水浆不入口，乃得予假⑥。自是闭关⑦，晏息⑧土室，惟昆山顾炎武至则款⑨之。四十二年，圣祖西巡，召颙见，时颙已衰老，遣子慎言诣行在⑩陈情，以所著《四书反身录》《二曲集》奏进⑪。上特赐御书"操志高洁"以奖之。

颙谓："孔、曾、思、孟⑫，立言垂训⑬，以成'四书'，盖欲学者体诸身，见诸行。充之为天德，达之为王道，有体有用，有补于世。否则假途干进⑭，于世无补，夫岂圣贤立言之初心，国家期望之本意耶？"居⑮恒教人，一以反身实践为事。

（选自民国·柯劭忞等《清史稿·李颙传》）

注释：

①李颙（yóng）：明清之际学者，学问、气节为时人所重，尊称"二曲先生"，与顾炎武、黄宗羲齐名。

②盩厔（zhōu zhì）：本意山水盘曲的样子。这里是地名，在今陕西省周至县。

③宗：尊奉，尊崇。

④笃：病重。

⑤舁（yú）：抬。

⑥假：宽容，宽免。

⑦闭关：闭门谢客，断绝世俗往来。关，门闩。

⑧晏息：安息。晏，安定，安乐。

⑨款：招待，款待。

⑩行在：也称行在所，专指天子巡行所到之地。

⑪奏进：进献。

⑫孔、曾、思、孟：四人正与"四书"相对应。孔，即孔子，《论语》以记述其言事为主；曾，即曾参，据说《大学》为其著述；思，即孔子的孙子孔伋，字子思，据说《中庸》即其著述；孟，即孟子，名轲。

⑬垂训：垂示教训。

⑭干进：求取官禄。干，求取。

⑮居：平时，平常。

【文意疏通】

李颙,字中孚,盩厔人。又字二曲——水弯曲的地方叫盩,山弯曲的地方叫厔。虽然是布衣百姓,但安于贫穷,在关中倡导理学,关中弟子读书人很多尊崇他的。

康熙十八年,陕西总督鄂善荐举他为博学鸿儒,李二曲声称自己病得厉害,坚辞而不应举。地方官员强行把他抬到省里,他就开始水米不进,表达自己不仕清廷的态度。朝廷知道他志不可屈,只好放他回去了。从此以后,他就闭门谢客,只有昆山顾炎武来了才接待一下。康熙四十二年,康熙皇帝西巡,来到陕西,想让李颙前来觐见。李颙当然不肯,但又不能硬顶,再加上当时确实已经非常衰老,便让儿子李慎言前去面见皇上,转述自己的情况,把自己著述的《四书反身录》和《二曲集》进献上去。康熙皇帝亲笔题写了御书"操志高洁"的匾额来表示对他的奖赏。

李颙曾经说:"孔子、曾子、子思、孟子,创立言论,垂范后世,做成'四书',大概是为了学者体会于心,并身体力行。内心充盈即为天德,身体力行便为王道,有知有行,这才有补于世;否则,将道德学问用作博取功名利禄的工具,则于世无补,这难道是圣贤立言的初心、国家期望的本意吗?"平时他总是教导别人,凡事须以悔过自新躬身实践为务。

【义理揭示】

李颙故事的文化价值,主要不在于前朝遗老不仕新朝的气节和操守,而在于他以"称疾拒荐"和"不肯面君"的行为所表现出的文化尊严。这不只是他作为一个文人学士的个人尊严,更是以他潜心承继的孔孟之学为代表的"道统"和"学统",在皇权、衙门所构成的"政统"面前的尊严。说得直白一些,因为他自信于承继了中华民族千百年来所积累的文化成果,自信于代表了一个时代的学术和文化的高度,因而便有资格受到尊重,即便皇帝也要对他礼敬有加。从这个意义上来说,康熙御赐匾额"操志高洁",显然是没有读懂他。

朝代可以更替,皇权可以易主,但这种"道统"和"学统"却一脉相承,自成"王道"。在皇权和仕途之外,自有它不可磨灭的独立价值和不可折损的文化尊严。

文化倾听

当代以研究译介西学而著称的著名学者刘小枫在回顾他的治学经历时十分感慨地说:"我以前学西方知识分子,躁动不安得很,如今学孔子整理古书,不学'有思想'的知识分子,内心反倒安顿下来。"这话颇耐人寻味,其中包含着的,实际上是对中华文化传统安顿人心力量的深度认同。虽然他的专业是西学,但随着钻研的深入,他的治学心法却回归到中国传统的路向上来,这从西学视角进一步印证了中华文化传统的巨大力量。因此我们说,即便与国际接轨,即便是全球一体化,即便是地球小得像个小村庄,中华文化传统也依然具有不可磨灭的价值。孔孟的时代,斯文不丧;韩柳的时代,斯文不丧;程朱的时代,斯文不丧;在新世纪,斯文依然不丧!

什么是"斯文不丧"?孔子说:"天之将丧斯文也,后死者不

得与于斯文也；天之未丧斯文也，匡人其如予何？"表达了对"斯文不丧"的巨大信心。也就是说，我们的文化传统，总是在不断地赓续发扬、生生不息，而且根深而叶茂、渊远而流长。这种文化传统，既蕴含在我们中国人形而下的实践力行中，也表现在形而上的哲学思考里。钱锺书说："东学西学，道术未裂；南海北海，心理攸同。"这是从文化比较的意义上寻求我们传统文化与世界文化进行对话的话语契机，这在当今的时代背景下确是需要的，但同时，我们也应该充分认清自我的文化身份，以防在文化对话、交流与融合的大潮中迷失自我。

从历史上来看，中华民族面临内忧外患的威胁确实不少，但是，因为文化的根脉不断，所以风雨过后，中华民族不仅能够重新整理行装，踏上新的征程，而且我们的文化因为灾难和变故的洗礼而愈发丰富、深邃和多元。这就是我们所说的"斯文不丧"。

那么为什么中华文化能够"斯文不丧"呢？这个问题要回答起来确实十分复杂。如果不求全责备，不把与文化相关的方方面面全都梳理一遍做宏大观照，仅从文化中最核心的要素——人的要素来考虑的话，那么，中国人的那种刚正独立的主体精神是一个很重要的原因。

主体精神是一个理论术语，通俗一点讲，"我做我的主"是其内涵中很重要的一部分。中国传统文化中的家国意识、仁爱情怀、礼义思想、和合精神、尊严追求等文化价值，之所以能够穿越历史的纷纷扰扰而一脉相承并不断得到发扬光大，其中很重要的一点就在于我们中国人心中的那根"主心骨"。有了"主心骨"，就能不唯上，不唯权，不畏暴力，不惧威胁，在疾风骤雨中立稳脚跟，在急流浊浪中做中流砥柱，从而明是非、辨善恶，看淡一己之得失，看穿一时之顺逆，从更宏大的历史视野中认识自己所作所为的意义，因此就能守得住文化的价值。

《崔杼弑君》中的晏子，君主被害后不愚忠，权臣当道时不附恶，是因为有这个"主心骨"；孔子和孟子，在周游列国时屡屡碰壁，却能明乎自身的使命和担当，不妄自菲薄，不灰心沮丧，也是因为有这根"主心骨"。正因为有"主心骨"，所以每一个"我"都是中国文化精神的化身，中国文化的尊严和价值，正是通过一个个"我"而得到维系、弘扬和光大。因此，一个文弱的王孙满，也能让来势汹汹的楚庄王灰溜溜地无言以对；一个贫病交加的李二曲，康熙皇帝也对他礼敬有加。在这里，人，因为文化而凛然生威；文化，因为人而具体可感、富有生机。

这就是文化的力量。

文化传递

陈寅恪是现当代著名历史学家。他是一个了不起的学者，因为他不仅在具体的领域里奉献了具体的成果，而且还开创了一个研究的范式；更重要的是，他以自己独特的学术姿态，表现出了一个历史学家在国运衰微之际对于文化传统的一种自信和持守。

卢沟桥事变爆发后，陈寅恪放弃了严重眼疾的治疗，实际也就是放弃了双目复明的希望，带着妻小，离开已经沦陷的北平，踏上了流亡之路。不幸的是，他所有藏书，在随迁过程中竟被悉数焚毁在战争的大火中。而他随身携带的、常用的、备用的书，在绕道去昆明的路上，大部分竟也被盗走了。这意味着，他以后的学术研究，将主要依靠他积攒的记忆了。

陈寅恪做学问的方式不是做卡片，而是在书上随读随记，也就是古人说的"眉批"，眉批上写满了他的思考、见解和引证，这是他学术研究的基础。

就是在这种几乎没有参考书籍的情况下，陈寅恪撰述了两部不朽的中古史名著——《隋唐制度渊源略论稿》和《唐代政治史述论稿》。

当时，陈寅恪的工作条件十分恶劣。在一个茅草房里，连张写字的桌子都没有。由于长期高强度的工作，陈寅恪的视力急速下降。当他辗转来到成都燕京大学，到学期期末考试评卷时，已经难以看清成绩单上的栏格，连学生成绩单都不能准确无误地填写。严谨、负责于他已成为习惯，为避免出错，他只能让大女儿代他把批好的分数抄到表格上，这实在是出于无奈呀！

1944年12月12日，陈寅恪的唐代三稿中的最后一种《元白诗笺证稿》也终于完成了。很多事情就是这样，当憋着一股气做一件重要之事时，很多身体上的病症便被忽视了，等事情了结后，身体上诸多拖欠的亏空便找上门来算账了。就在12月12日这天早上，陈寅恪起床后痛苦地发现，他的双眼已看不清了。他只得叫女儿去通知学生：今天不能上课了。第二次世界大战结束后，虽经奔波治疗，他的双目还是没能看见光明。

在抗战如此严酷的境遇里，陈寅恪顽强地为后世留下了他对中国唐代历史的系统研究。他在大灾大难面前，恪守着一个民族的史学传统："国可以亡，史不可断，只要还有人在书写她的历史，这个民族的文化就绵延不绝。"

在时局艰难、贫病交加的境遇里，陈寅恪先生的铿锵话语，饱含着他对中华文化的炽热的深爱、倔强的自信和坚定的持守。

文化感悟

1. 张载的《西铭》理解起来有一定难度。请认真研读原文，在与同学深入讨论或请教老师的基础上思考：作者是怎样得出"民，吾同胞；物，吾与也"和"存，吾顺事；没，吾宁也"的结论的？

2. 你认为除"文化倾听"阐述的内容之外，中华文化之所以能够绵延不断、长盛不衰，还有哪些因素？

3. 如果让你编写"斯文不丧"这一章，你还会编入哪些文化故事？请列出故事名称，并简要说明理由。

第七章　文化融合

文化典籍

一 儒道互补

【原文选读】

（一）

子曰："道不行，乘桴①浮于海，从我者，其由②与！"子路闻之喜。子曰："由也好勇过我，无所取材。"

（选自《论语·公冶长篇》）

（二）

子谓颜渊曰："用之则行③，舍之则藏④，唯我与尔有是夫！"子路曰："子行三军，则谁与？"子曰："暴虎冯河⑤，死而无悔者，吾不与也。必也临事而惧，好谋而成者也。"

（选自《论语·述而篇》）

（三）

子曰："直哉史鱼⑥！邦有道，如矢；邦无道，如矢。君子哉蘧伯玉⑦！邦有道，则仕；邦无道，则可卷而怀之⑧。"

(选自《论语·卫灵公篇》)

（四）

孟子谓宋勾践曰："子好游乎？吾语子游。人知之，亦嚣嚣⑨；人不知，亦嚣嚣。"

曰："何如斯可以嚣嚣矣？"

曰："尊德乐义，则可以嚣嚣矣。故士穷不失义，达不离道。穷不失义，故士得己焉；达不离道，故民不失望焉。古之人，得志，泽加于民；不得志，修身见⑩于世。穷则独善其身，达则兼善天下。"

(选自《孟子·尽心上》)

（五）

孔子适⑪楚，楚狂接舆游其门曰："凤兮凤兮，何如德之衰也！来世不可待，往世不可追也。天下有道，圣人成焉；天下无道，圣人生焉。方今之时，仅免刑焉！福轻乎羽，莫之知载⑫；祸重乎地，莫之知避。已乎，已乎，临人以德！殆⑬乎，殆乎，画地而趋！迷阳迷阳⑭，无伤吾行！郤曲郤曲⑮，无伤吾足！"

(选自《庄子·人间世》)

注释：

①桴（fú）：小木筏或竹筏。

②由：即仲由，字子路，孔子弟子，小孔子九岁。

③行：行事，做事。

④藏：隐蔽起来。

⑤暴虎冯（píng）河：赤手空拳打老虎，没有渡船硬要过河。比喻有勇无谋，冒险蛮干。暴虎，徒手搏虎；冯河，徒步渡河。

⑥史鱼：卫国大夫史䲡（qiū），字子鱼。

⑦蘧（qú）伯玉：卫国大夫，名瑗，字伯玉。

⑧卷而怀之：韬光养晦、全身避祸，亦即"舍之则藏"的意思。卷，收；怀，藏。

⑨嚣嚣：自得其乐、无欲无求的样子。

⑩见（xiàn）：通"现"，显现，表现。

⑪适：到，往。

⑫莫之知载：不知道怎么承受它。载，承受。

⑬殆：危险。

⑭迷阳：诈狂，无所用心。迷，亡失；阳，明。

⑮郄（xì）曲：狭窄、弯曲的道路。郄，通"隙"，这里引申为狭窄。

【文意疏通】

（一）

孔子说："如果我的主张行不通，我就乘上木筏子到海外去。能跟从我的大概只有仲由吧！"子路听到这话很高兴。孔子说："仲由啊，好勇超过了我，其他没有什么可取的才能。"

（二）

孔子对颜渊说："用我呢，我就去干；不用我，我就隐藏起来，只有我和你才能做到这样吧！"子路问孔子说："老师您如果统率三军，会选择让谁和您一起共事呢？"孔子说："赤手空拳和老虎搏斗，徒步涉水过河，死了都不会后悔的人，我是不会和他在一起共事的。我要找的，一定要是遇事小心谨慎，善于谋划而能完成任务的人。"

（三）

孔子说："好一个刚直的史鱼！国家政治清明时他像箭一样直，

国家政治黑暗时他还是像箭一样直。好一个君子蘧伯玉！国家政治清明时他做官，国家政治黑暗时，他便隐退藏身了。"

(四)

孔子的后继者孟子对于"仕"与"隐"也有非常精到的论述。有一天，孟子对宋勾践说："你喜欢游说各诸侯的国君吗？我告诉你游说的态度。别人理解我，我能自得其乐；别人不理解，我也能悠然自得。"

宋勾践问道："怎样就能做到悠然自得呢？"

孟子说："崇尚德，爱好义，就能悠然自得了。所以士人穷困时不失掉义，得志时不背离道。穷困时不失掉义，所以士人能保持自己的操守；得志时不背离道，所以不会使百姓失望。古代的人，得志时，能给百姓广施恩泽；不得志时，修养品德立身于世。穷困时能独善其身，得志时能让天下人变得好起来。"

(五)

孔子周游列国，途中遇到楚狂接舆的事情，在《论语》中有记载，《庄子》这本书里也提到了这件事。说的是，孔子去到楚国，楚国隐士接舆有意来到孔子门前，说："凤鸟啊，凤鸟啊！你怎么怀有大德却来到这衰败的国家！未来的世界不可期待，过去的时日无法追回。天下得到了治理，圣人便成就了事业；国君昏庸天下混乱，圣人也只得顺应潮流苟全生存。当今这个时代，怕就只能免遭刑辱！幸福比羽毛还轻，而不知道怎么受用它；祸患比大地还重，而不知道怎么回避它。算了吧，算了吧，不要在人前宣扬你的德行！危险啊，危险啊，人为地划出一条道路让人们去遵循！遍地的荆棘啊，不要妨碍我的行走！曲曲弯弯的小路啊，不要伤害我的双脚！"

【义理揭示】

李泽厚说:"儒道互补是两千年来中国思想的一条基本线索。"这种互补,表现在许多方面。上面几则小故事,主要表现为两者在处世与自处上的态度,以及"君子"人格理想等方面的互补互通。

儒家虽然宣称"不仕无义",强调应该积极入世,表现出积极进取的现实态度,但在现实险恶、理想遇阻的情况下,也有"卷而怀之""独善其身"的自全、自保、自洁其身的价值取向和人生策略。这一点发挥到极致,便演化成以庄子为代表的道家思想中全身避祸、无所牵系的独立人格理想。可以说,儒道诸家思想共同作用,交互补充,形成中国历代知识分子普遍的人格形态,影响了中国人的处世策略和自处法则。

二 赵武灵王胡服骑射

【原文选读】

赵武灵王①北略中山之地②,至房子③,遂之代④,北至无穷⑤,西至河⑥,登黄华⑦之上。与肥义⑧谋胡服骑射以教百姓,曰:"愚者所笑,贤者察焉。虽驱世⑨以笑我,胡地、中山,吾必有之!"遂胡服。

国人皆不欲,公子成⑩称疾不朝。

王使人请之曰:"家听于亲,国听于君。今寡人作教易服而公叔不服⑪,吾恐天下议之也。制国有常⑫,利民为本;从政有经⑬,令行⑭为上。明德先论于贱⑮,而从政先信于贵⑯,故愿慕公叔之义⑰以成胡服之功也。"公子成再拜稽首⑱曰:"臣闻中国⑲者,圣贤之所教也，礼乐之所用也，远方之所观赴也，蛮夷之所则效[20]也。今王舍此而袭[21]远方之服，变古之道，逆人之心，臣愿王孰图之[22]也！"

使者以报。王自往请之，曰："吾国东有齐、中山，北有燕、东胡，西有楼烦[23]、秦、韩之边。今无骑射之备，则何以守之哉？先时中山负[24]齐之强兵，侵暴吾地，系累[25]吾民，引水围鄗[26]；微[27]社稷之神灵，则鄗几[28]于不守也，先君丑之。故寡人变服骑射，欲以备四境之难，报中山之怨。而叔顺中国之俗，恶变服之名，以忘鄗事之丑，非寡人之所望也。"公子成听命，乃赐胡服，明日服而朝。

于是始出胡服令，而招骑射焉。

（选自北宋·司马光《资治通鉴》卷三）

注释：

①赵武灵王：（？—前295）名雍，战国时期赵国国君。

②北略中山之地：向北攻占了中山国的土地。略，攻占。中山，古代国名，今河北定县一带。

③房子：古地名，今河北临城。

④代：古地名，在今山西大同一带。

⑤无穷：自代郡上出塞外，大漠数千里，故称无穷。

⑥河：黄河。

⑦黄华：山名，在黄河边上。

⑧肥义：赵国的国相。

⑨驱世：举世，意为世上所有的人。

⑩公子成：赵武灵王的叔父。

⑪不服：不穿胡服。

⑫常：恒定不变的准则。

⑬经：固定的原则或标准。

⑭令行：政令得以施行。

⑮明德先论于贱：意思是修明德行必须先让百姓明白。贱，指底层的百姓。

⑯而从政先信于贵：意思是贯彻政令首先要使贵族信服奉行。

⑰慕公叔之义：仰仗叔父的声望。

⑱稽首：叩头至地，是古时最恭敬的一种跪拜礼。

⑲中国：中原地区。

⑳则效：取法仿效。

㉑袭：因袭，搬用。

㉒孰图之：深思熟虑来对待这件事。孰，通"熟"，仔细，认真。

㉓楼烦：古代国名，在今山西省西北部。

㉔负：倚仗。

㉕系累：用绳索捆绑，指俘获。

㉖鄗（hào）：赵国城名，在今河北柏乡县北。

㉗微：（如果）没有。

㉘几：差点儿，几乎。

【文意疏通】

赵武灵王向北进攻中山国，大兵经房子，抵达代地，再向北直至数千里的大漠，向西攻到黄河，登上黄华山顶。与国相肥义商议让百姓穿短衣胡服，学骑马与射箭，他说："愚蠢的人会嘲笑我，但聪明的人会明白的。即使天下的人都嘲笑我，我也这么做，一定能把北方胡人的领地和中山国都夺过来！"于是改穿胡服。

国人都不愿穿胡服，其中，公子成称有病，不来上朝。

赵王派人前去说服他："家事听从父母，国政服从国君。现在我要人民改穿胡服，而叔父您不穿，我担心天下人会议论我徇私情。治理国家有一定章法，要以有利人民为根本；处理政事要有一定原则，要以施行政令为重。宣传道德要先让百姓议论明白，而推行法令必须从贵族近臣做起，所以我希望能借助叔父您的榜样来完成改穿胡服的功业。"公子两拜谢罪道："我听说，中原地区在圣贤之人教化下，采用礼乐仪制，是远方国家前来游观，让周边地区学习效法的地方。现在君王您舍此不顾，去仿效外族的服装，是擅改古代习惯、违背人心的举动，我希望您慎重考虑！"

使者回报赵王。赵王便亲自登门解释说："我国东面有齐国、中山国，北面有燕国、东胡，西面是楼烦，与秦、韩两国接壤。如今没有骑马射箭的训练，凭什么能守得住呢？先前中山国倚仗齐国的强兵，侵犯我们领土，掠夺人民，又引水围灌鄗城；如果不是老天保佑，鄗城几乎就失守了，此事先王深以为耻。所以我决心改穿胡服，学习骑射，想以此抵御四面的灾难，一报中山国之仇。而叔父您一味依循中原旧俗，厌恶改变服装，忘记了鄗城的奇耻大辱，我对您深感失望啊。"公子成幡然醒悟，欣然从命，赵武灵王亲自赐给他胡服，第二天他便穿戴入朝。

于是，赵武灵王正式下达改穿胡服的法令，提倡学习骑马射箭。

【义理揭示】

在诸侯割据、弱肉强食的激烈斗争中，赵武灵王深刻认识到国家面临生死存亡的危机。因此，勇于改变旧习惯，革除旧习俗，积极吸收兄弟民族的文化成果来丰富自己，壮大自己的力量，这是智者的选择，是勇者的决定。

真正的强者，绝不会固守传统而令自己走向封闭和枯竭，而是能够吸收一切有益于自身成长发展的有益元素。这不仅是一种明智的选择，更是一种敢于吐纳的气魄和胸襟。中华文化之所以能够历久而不衰，正是在发展的历程中，积极吸纳异质文明的优秀成果。在这方面，赵武灵王是众多优秀历史人物中的一个明例。

三 方内与方外

【原文选读】

子桑户、孟子反、子琴张三人相与友①，曰："孰能相与于无相与，相为于无相为？孰能登天游雾，挠挑无极②，相忘以生，无所终穷？"三人相视而笑，莫逆于心，遂相与为友。

莫然有间③而子桑户死，未葬。孔子闻之，使子贡往侍事④焉。或编曲，或鼓琴，相和而歌曰："嗟来⑤桑户乎！嗟来桑户乎！而已反其真⑥，而我犹为人猗⑦！"子贡趋而进曰："敢问临⑧尸而歌，礼乎？"二人相视而笑曰："是恶⑨知礼意！"

子贡反，以告孔子，曰："彼何人者邪？修行无有，而外其形骸⑩，临尸而歌，颜色不变。无以命之⑪，彼何人者邪？"

孔子曰："彼，游方⑫之外者也；而丘，游方之内者也。外内不相及，而丘使女往吊之，丘则陋⑬矣。彼方且与造物者为人⑭，而游乎天地之一气⑮。彼以生为附赘县疣⑯，以死为决疣溃痈⑰，夫若然者，又恶知死生先后之所在！假⑱于异物，托于同体；忘其肝胆，遗其耳目；反覆终始，不知端倪；芒然⑲彷徨乎尘垢⑳之外，逍遥乎无为之业㉑。彼又恶能愦愦然㉒为世俗之礼,以观众人之耳目哉!"

子贡曰:"然则夫子何方之依?"

孔子曰:"丘,天之戮民㉓也。虽然,吾与汝共之。"

子贡曰:"敢问其方㉔。"

孔子曰:"鱼相造㉕乎水,人相造乎道。相造乎水者,穿池而养给㉖;相造乎道者,无事而生定㉗。故曰,鱼相忘乎江湖,人相忘乎道术。"

子贡曰:"敢问畸人㉘。"

曰:"畸人者,畸于人而侔㉙于天,故曰,天之小人,人之君子;人之君子,天之小人也。"

(选自《庄子·大宗师》)

注释:

①子桑户、孟子反、子琴张:庄子假托的人名。本句的"友"字可能是"语"字之误。

②挠挑无极:循环攀升到无穷的太空。挠挑,循环的样子。极,边际。

③莫然有间(jiàn):顷刻之间。莫,通"蓦";蓦然,猛然,一下子。

④侍事:帮助办理丧事。

⑤嗟来:犹如"嗟乎"。

⑥而已反其真:你已经返归自然。而,通"尔",你。反,通"返",返回。真,本真,自然。

⑦猗(yī):表示感叹语气。

⑧临:面对。

⑨恶(wū):疑问词,哪里。

⑩外其形骸:把自身形骸置之度外,意思是不把死亡当作一件大事。

⑪无以命之：他们这种做法真没法说。命，称述。

⑫方：地域，这里指世俗世界。

⑬陋：浅薄，见识不广。

⑭人：偶；"为人"即相互作为伴侣。

⑮一气：元气。

⑯附赘县（xuán）疣（yóu）：喻指多余的东西。县，通"悬"。疣，肉瘤。

⑰决疣（huàn）溃痈（yōng）：指毒疮化脓而破溃。疣，疽。痈，毒疮。

⑱假：凭借。

⑲芒然：即茫然。

⑳尘垢：这里喻指人世。

㉑无为之业：无所作为的境界。

㉒愦愦（kuì）然：昏乱的样子。

㉓天之戮民：受到自然惩罚的人，即摆脱不了方内束缚的人。戮，刑戮，惩罚。

㉔方：方法，准则。

㉕造：到，往。

㉖养给：给养充足。给，丰足。

㉗生定：性情平静安适。生，通"性"。一说"定"为"足"字之误，"生定"即心性自足之意。

㉘畸人：有独特志行、不同流俗的人。畸，不同，另类。

㉙侔（móu）：相同，等同。

【文意疏通】

子桑户、孟子反、子琴张三人在一起谈话，说："谁能够倾心相交而又出于无心，倾力相助却又无意助人呢？谁又能巡游高天，飘升太空，忘掉生死，而获得永恒呢？"三人相视而笑，默契于心，就一同做了朋友。

过不多久子桑户死了,还没有下葬。孔子知道了,就派弟子子贡前去帮助料理丧事。孟子反和子琴张却一个编曲,一个弹琴,二人合唱道:"哎呀,子桑户啊!哎呀,子桑户啊!你已经返归本真了,可是我们还被形骸所累呀!"子贡听不下去了,就快步走上前说:"我冒昧地请教,对着尸体唱歌,这合乎礼仪吗?"二人相视而笑,说:"这种人怎么会懂得'礼'的真意呢!"

子贡回来后,把见到的情况告诉孔子,说:"他们都是些什么人啊?不修德行,不重礼仪,视形体如同外物,对着死尸唱歌,脸色都不改变。真没法形容他们,他们到底是些什么人呢?"

孔子说:"他们都是些超脱世俗的人,而我却还是生活在世俗之中啊。世俗之外和世俗之内的人是无法沟通的,可我却让你前去吊唁,我实在是浅薄呀!他们与大自然相伴,与天地混元之气相往来。他们认为生命是气的凝结,就像身上的赘瘤一样,而死亡对他们来说,就像脓疮溃破了一样,像这样的人,又怎么会顾及死亡的先后呢!生与死只是凭借不同的物质罢了,所寄托的形体在本质上却是相同的;忘掉体内的肝胆,也忘掉体外的耳目;让生命自然循环,无穷变化,不去纠缠它们的分别;了无牵挂地徜徉于尘世之外,在无欲无求的境界中逍遥自在。他们又怎么会据守世俗的礼仪而自寻烦恼,去表演给众人看呢!"

子贡说:"那么先生您依从哪一方呢?"

孔子说:"从回归自然的角度来看,我孔丘就像正遭受着刑戮的人一样。虽然这样,我仍将跟你们一道去竭力追求至高无上的'道'。"

子贡问:"请问有什么方法?"

孔子说："鱼争相投水，人争相求道。争相投水的鱼，掘地成池便给养充裕；争相求道的人，泰然无事便心性自足。所以说，鱼游于江湖便忘记烦忧而悠然自在，人游于大道之中，就忘记一切而自在逍遥。"

子贡说："请问那些另类的人是什么人？"

孔子说："那些另类，就是不同于世俗而与自然相合的人。所以说，从自然的观点看来是小人的，往往是世俗意义上的君子；而世俗意义上的君子，往往是自然意义上的小人。"

【义理揭示】

在这则故事中，庄子假托孔子师徒的对话，表达了道家对生命的基本态度，从某种程度上显示了儒、道两家不同的生命价值观。在儒家看来，生命的意义在于"游方之内"，在世俗世界里进德修业、有所作为。而道家则认为，洞悉生命的虚妄，超越世俗而游于方域之外，与大自然精神（即文中的"道"）相往来，才能够摆脱生之烦恼。

庄子显然是想借孔子之口宣扬"畸人"范型，我们却可以从中感悟到"方内"与"方外"两个维度的平衡与协调。其实中国人自古以来都是"即世求道"，而不是"离世求道"，也就是说，在积极入世"游方之内"的同时又能"游方之外"、有所超脱，身处世务而又崇尚超然物外，这就让凡俗的生活乃至沉重的使命责任拥有了一份审美的诗意境界。这是另一种意义上的儒道互补与融合。

四 明犯强汉者，虽远必诛

【原文选读】

初，单于①闻汉兵至，欲去，疑康居②怨己，为汉内应，又闻乌孙③诸国兵皆发，自以无所之。郅支已出，复还，曰："不如坚守。汉兵远来，不能久攻。"单于乃被④甲在楼上，诸阏氏⑤夫人数十皆以弓射外人。外人射中单于鼻，诸夫人颇⑥死。单于下骑，传战大内。夜过半，木城穿，中人却入土城，乘城⑦呼。时，康居兵万余骑分为十余处，四面环城，亦与相应和。夜，数奔营，不利，辄却。平明，四面火起，吏士喜，大呼乘⑧之，钲鼓声动地。康居兵引却。汉兵四面推卤楯⑨，并入土城中。单于男女百余人走入大内。汉兵纵火，吏士争入，单于被创⑩死。军候假⑪丞杜勋斩单于首，得汉使节⑫二及谷吉等所赍⑬帛书。诸卤获以畀得者⑭。凡斩阏氏、太子、名王以下千五百一十八级，生虏百四十五人，降虏千余人，赋予城郭诸国所发十五王⑮。

于是延寿、汤上疏曰："臣闻天下之大义，当混为一⑯，昔有唐虞⑰，今有强汉。匈奴呼韩邪单于已称北藩⑱，惟郅支单于叛逆，未伏其辜⑲，大夏之西，以为强汉不能臣也。郅支单于惨毒行于民，大恶通于天。臣延寿、臣汤将义兵，行天诛，赖陛下神灵，阴阳并应，天气精明，陷陈⑳克敌，斩郅支首及名王以下。宜县头槀街蛮夷邸间㉑，以示万里，明犯强汉者，虽远必诛。"

(选自东汉·班固《汉书·陈汤传》)

注释：

①单于：汉时匈奴人称其君主为"单于"，这里指郅支单于。汉宣帝、元帝在位时，匈奴五单于争立。其中呼韩邪单于归顺汉朝，而郅支单于则反复无常，先是因辱汉朝使者江乃始等人，后又杀害护送人质的使臣谷吉。

②康居：古西域国名，约在今巴尔喀什湖和咸海之间。汉元帝永光元年（前43），郅支单于杀害汉使者后逃奔康居，康居王试图借重郅支单于威势来对抗周边的乌孙等国，于是迎郅支单于居康居东部，并以女妻之。郅支单于却骄蛮横暴，杀死康居王女、随从官员以及数百百姓，甚至将其肢解后投入都赖河中。

③乌孙：古代西域国名，在今伊犁河谷。

④被：通"披"，穿着。

⑤阏氏（yān zhī）：汉时匈奴单于正妻的称号。

⑥颇：略微，稍稍。

⑦乘城：登上城墙。乘，登。

⑧乘：追击。

⑨卤楯（lǔ dùn）：古代用来遮挡刀箭的大盾牌。卤，通"橹"，盾牌；楯，通"盾"。

⑩被创（chuāng）：受伤。被，遭受。

⑪假：代理。

⑫节：汉代使臣出使外国时所持的作为凭证的节杖。

⑬赍（jī）：携带。

⑭诸卤获以畀（bì）得者：所有俘虏和战利品都给了捕获者。卤，通"虏"。畀，给予。

⑮赋予城郭诸国所发十五王：赋予，给予；赋，分发，颁给。

⑯当混为一：应当天下一统。混，同。

⑰唐虞：指尧舜。尧为陶唐氏，舜为有虞氏。

⑱藩：属国。

⑲伏其辜：服罪，承担他的罪责。辜，罪。

⑳陷陈（zhèn）：攻陷敌阵。陈，通"阵"。

㉑宜县头槁街蛮夷邸间：应当把单于首级悬挂在位于长安槁街上的蛮夷客馆之间。县，通"悬"。槁街，长安街名，西汉时是属国客馆集聚之地。邸，各地设在京城的客馆。

【文意疏通】

起初，郅支单于得知汉军来了，就想逃离而去，他怀疑康居王怨恨自己，为汉军做内应，又听说乌孙各国的军队都出动了，自认为没地方可逃。所以出城后，又返了回来，说："不如坚守。汉军远道而来，不能久攻。"于是郅支单于披上铠甲登上城楼，阏氏和几十位夫人一起用弓箭射击城外的人。城外的人射中单于鼻子，有一些夫人在战斗中死去了。单于走下城楼骑上战马，且战且行进入内宫。半夜过后，木城被攻破了，宫中人退进土城，登上城楼呼喊。当时康居军队一万多骑兵分成十多处，从四面环守土城，与宫中人相呼应。康居军队夜里几次冲击汉军营地，没有得到便宜，就退却了。天亮时分，四面火起，汉军官兵大喜，高呼着追击敌人，鼓声震天动地。康居无奈退兵。汉军四面排列着大盾牌挡住敌人的刀箭，同时进入土城中。单于及一百多男女逃进内宫。汉军放起火来，官兵争相杀进内宫，单于受伤而死。军侯代理丞杜勋砍下单于首级，又找到汉朝使臣的两根节杖与谷吉等使臣带来的帛书。作战中的俘虏和战利品都给了捕获者。一共斩杀阏氏、太子、名王以下一千五百一十八人，活捉一百四十五人，一千多人投降，所有这些都分给了周围几国派来率军共击郅支的十五个王。

获胜后甘延寿、陈汤上了道奏章说："臣下听说天下应遵循的大道是四海一统，从前有唐尧、虞舜，现在有强大的汉朝。匈奴呼韩邪单于已经称臣，成为北方的属国，只有郅支单于尚未服罪，以为他跑到大夏以西，我强大的汉朝就不能使他臣服了。郅支单于对待百姓残酷狠毒，罪大恶极，上通于天。臣下甘延寿、陈汤率正义之师，行天道，仰仗陛下和神明的保护，天时地利并用，依据有利的天气情况，攻陷敌阵，消灭敌人，斩郅支与名王以下首级，应该将他们的首级悬挂在京城外国人居住的槁街，让远方诸国知道，谁挑明了要和我强大的汉朝过不去，即便再远也一定要讨伐。"

【义理揭示】

"天下之大义，当混为一"，中华民族统一大家庭的形成，是中华各兄弟民族之间在冲突、碰撞中走向交流、融合的自然过程。在这个过程中，中华文化强大的感召力和中华各民族共同的向心力，使得"近者悦，远者服"，川合水聚，众流归海，从而形成了56个民族兄弟其乐融融的中华大家庭。

"明犯强汉者，虽远必诛"，中华民族大家庭的和谐统一不可破坏，中华民族共同体的国家尊严不可侵犯。正如美国学者黄仁宇所说，在中国历史上，"统一是主流，是常态；分裂是支流，是变态"（见《中国大历史》）。谁若想否认历史，逆流而动，就一定会受到来自中华民族大家庭的严厉惩罚。

五 汉家自有制度

【原文选读】

孝元皇帝[①]，宣帝太子也。母曰共哀许皇后，宣帝微[②]时生民间。年二岁，宣帝即位。八岁，立为太子。壮大，柔仁好儒。见宣帝所用多文法吏③，以刑名绳下④，大臣杨恽、盖宽饶等坐⑤刺讥辞语为罪而诛，尝侍燕⑥从容言："陛下持刑太深，宜用儒生。"宣帝作色曰："汉家自有制度，本以霸王道⑦杂之，奈何纯任德教，用周政⑧乎！且俗儒不达时宜，好是古非今，使人眩⑨于名实，不知所守，何足委任？"乃叹曰："乱我家者，太子也！"

(选自东汉·班固《汉书·元帝纪》)

注释：

①孝元皇帝：汉宣帝之子刘奭，公元前49年至前33年在位。
②微：微贱。宣帝幼遭变故，生长于民间，十七岁时被霍光等迎立为帝。
③文法吏：通晓法令、执法严峻的官吏。
④以刑名绳下：用刑律约束下民。刑名，即刑律。绳，约束，制裁。
⑤坐：因……而获罪。
⑥侍燕：侍奉日常起居。燕，安闲。
⑦霸王道：霸道和王道。霸道，指以武力、刑法、权势等统治天下的政策；王道，指以仁义统治天下的政策。
⑧周政：周朝之政，指仁政。
⑨眩：迷惑，迷乱。

【文意疏通】

汉元帝是汉宣帝的太子。母亲是恭哀许皇后，他出生时，汉宣帝还在民间，身份微贱。汉元帝二岁时，宣帝继承帝位。八岁时，宣帝立他为太子，长大成人后，为人宽厚，崇尚儒术。他见汉宣帝所起用的大多是通晓法令、执法严峻的官吏，用刑律来苛责臣下和百姓，大臣杨恽、盖宽饶等人都因对皇上语含批评而获罪被杀，曾

第七章 文化融合

趁着陪宣帝消闲的机会从容进言:"陛下刑律用得太重了,应该起用一些儒生。"宣帝听后不由动了怒气,说:"我汉朝本来就有制度,霸道和王道两种施政方式交合使用,为什么要像周朝那样只是一味施行仁政!况且一般儒生不能相机权变,又喜欢厚古薄今,使人惑乱于名实,不知所从,怎么能够委以重任呢?"于是宣帝叹息道:"乱我汉家朝纲的,将是太子啊!"

【义理揭示】

自先秦以来,儒家与法家在人性和政治方略上的分歧导致了两家思想上的激烈冲突。从西汉起,统治者逐渐认清了儒学的优势与弊端,同时取法家所长补儒家所短,双方在历史发展、学术思想以及官僚体系和帝王政治中逐步体现出整合的趋势。儒法结合,最终形成封建正统思想。

儒、法两家思想的斗争、对立与整合,不仅引起古代思想、法律、制度及政治策略的巨大变革,也为儒法国家的最终形成奠定了重要基础。

六 法显求法

【原文选读】

释法显,平阳武阳①人也。显有三兄,并夭亡。其父恐祸及之,三岁便度为沙弥②。

二十受大戒③,志行明洁,仪轨整肃。常慨经律舛阙④,誓志寻求。以晋隆安三年,与同学慧景等发自长安,西渡沙河。上无飞鸟，下无走兽，四顾茫茫，莫测所之。唯视日以准[5]东西，人骨以标行路耳。屡有热风恶鬼[6]，遇之必死，显任缘委命[7]，直过险难。有顷，至葱岭[8]。岭冬夏积雪，风雨沙砾，山路艰危，壁立千仞。昔有人凿石通路，傍施梯道，凡度七百余梯。又蹑悬**絚**[9]过河数十余处。仍度小雪山，遇寒风暴起，慧景噤战不能前，语显曰："吾其[10]死矣，卿可时去，勿得俱殒。"言绝而卒。显抚之号泣曰："本图不果，命也奈何！"复自力孤行，遂过山险。

凡所经历三十余国，至北天竺，后至中天竺。显留三年，学梵书梵语，躬自书写。于是显持经像去天竺，寄附商客到师子国[11]。显同侣十余，或留或亡，顾影唯己，常怀悲慨。忽于玉像前见商人以晋地一白团扇供养[12]，不觉凄然下泪。

既而附商人大舶还东。舶有二百许人，值大暴风，舶坏水入。众皆惶怖，即取杂物弃之。显恐商人弃其经像，唯一心念观世音及归命[13]汉土众僧。大风昼夜十三日，吹舶至岛下，治舶[14]竟前。时阴雨晦冥，不知何之，唯任风而已。若值伏石[15]及贼，万无一全。行九十日，达耶婆提国[16]。停五月余，复随他商侣东趣[17]广州。举帆月余日，中夜忽遇大风，举舶震惧。众共议曰："坐[18]载此沙门，使我等狼狈，不可以一人故，令一众俱亡。"欲推弃之。所随商侣厉声呵曰："汝若下[19]此沙门，亦应下我，不尔便当见杀[20]。汉地帝王奉佛敬僧，我至彼告王，必当罪汝。"众相视失色，乃止。既水尽粮竭，唯任风随流。忽至岸，见藜藿菜[21]依然，知是汉地，但未测何方。即乘小舶入浦寻村，遇猎者二人，显问："此何地耶？"猎人曰："是青州长广郡牢山[22]南岸。"猎人还，以告太守李嶷。嶷素敬信，忽闻沙门远至，躬自迎劳[23]。显持经像随还。

后至荆州，卒于辛寺，春秋八十有二。众咸恸惜。其所闻见风俗，别有传记。

(选自南朝梁·僧祐《出三藏记集》卷一五)

注释：

①平阳武阳：今山西临汾一带，一说山西襄垣。

②沙弥：俗称"小和尚"。

③大戒：佛教戒律，由于戒品具足，故又称具足戒。

④舛（chuǎn）阙：错漏。舛，错误。

⑤准：校准。

⑥恶鬼：可能指沙漠戈壁中经常出现的雅丹地貌，俗称"魔鬼城"。

⑦委命：听凭命运支配。

⑧葱岭：即今帕米尔高原。

⑨悬絙（gēng）：悬索桥。絙，通"緪"，绳索。

⑩其：恐怕，语气副词，表推测。

⑪师子国：斯里兰卡的古称，也叫拟师子国。

⑫供养：这里指在佛前摆设供品。

⑬归命：本义是归顺、投诚，这里指皈依佛法而得道。

⑭治舶：修理好船舶。治，修理。

⑮伏石：暗礁。

⑯耶婆提国：古国名，故地在今印度尼西亚爪哇岛或苏门答腊岛。

⑰趣：通"趋"，奔赴。

⑱坐：因为，由于。

⑲下：这里指投入海中。

⑳不尔便当见杀：否则你们就杀了我。不，通"否"。见杀，杀了我。

㉑藜藿（diào）菜：一种野菜。

㉒牢山：即崂山，在今青岛市东部。

㉓迎劳：迎接慰问。劳，慰问。

【文意疏通】

　　法显和尚是东晋时期著名僧人，杰出的旅行家和佛教翻译家。本姓龚，是平阳武阳人。法显有三位兄长，都是早在幼年即亡。他的父亲担心灾祸降临到他身上，在他三岁时就让他受戒做了沙弥。

　　法显在二十岁时接受了大戒，他志向明晰，品行高洁，恪守佛家的礼仪规则。他常慨叹中国佛教经律戒律书籍有错误且不完整，立志寻求佛教真谛。在晋隆安三年，法显与同寺僧人慧景等人从长安出发，一路西行，穿越浩瀚的沙漠。那个地方上无飞鸟，下无走兽，行人四顾茫茫，不知道到了何方，只能看着太阳来辨别东西方向，靠沙漠里偶尔出现的人骨来分辨道路。路上经常出现炎热的风暴与恶鬼般的异景，行人如果遇上，可谓九死一生。法显则随遇而安，置生死于度外，从容地走过艰难险阻。一段时间后，到达葱岭，葱岭常年积雪，狂沙暴雨经常不期而至，山路艰险，悬崖高耸。前人曾开山凿路，在悬崖上修筑天梯。法显共爬过七百多条天梯，还有几十个地方要踩着悬空的大绳索渡河。他们翻越葱岭后，又翻越小雪山，突然遭遇凛冽的寒风，慧景咬紧牙关打战，走不了了，对法显说："我恐怕要死了，你要及时离开，不能同归于尽。"他说完就死了。法显抚摸着他的遗体大哭，说："你的愿望无法实现，命该如此，又能怎么办？"法显一个人又重新上路，终于翻越了小雪山。

　　法显走过了三十多个国家，到达北天竺，后来又到了中天竺。法显在中天竺停留三年，研读梵书，学习梵语，亲自抄写经书。之后，他又拿着经书、佛像离开天竺，依随一个商队，从中天竺出发，到了师子国。法显从中国出发时，同行者共有十几人，在途中，有的人留下了，有的人去世了，只剩下他孤身一人，他因此常常伤感。一天,在一尊玉佛像前,他忽然看到商人敬佛的供品是来自晋朝的白团扇,不禁潸然泪下。

此后,法显又寄身于商人的大船,从海路开始回乡的路程。船上有二百多人,遇上了大风暴,船进了水。船上人都很害怕,就把杂物都扔进海中。法显害怕商人扔了他的经书和佛像,只是一心默念观世音菩萨及汉地得道高僧的名字。大风吹了十三个昼夜,船被吹到一个岛上,修好后又继续前行。这时风雨交加,天空昏暗,不知所至何处,只能随风漂泊。如果遇到了暗礁及海盗,一定不会有生还的希望。船行九十天,到达了耶婆提国。停留了五个多月后,法显又跟随其他商人东行广州。行驶一个多月后,一天午夜遇到大风暴,全船人都很恐惧。大家共同商议说:"因为船上载了这个僧人,才使我们陷入这种窘境,不能因为他一个人,让所有人丧命。"众人想把法显推下海。资助法显东归的商人大声呵斥那些商人:"你们如果想把这个僧人扔下海,就把我也扔下去,不然就把我杀了。汉地帝王崇信佛教,礼敬僧人,我到那里上告汉王,他一定会惩罚你们。"商人们相顾失色,勉强答应不抛法显入海。此后,船上水尽粮竭,只能随风飘荡。一天忽然漂到岸上,法显看到了熟悉的藜藿菜,知道已经到了中国的土地,但不知道是哪里。法显乘着小船,沿河口溯流寻找村庄,看见两个猎人,他问:"这里是什么地方?"猎人说:"这里是青州长广郡,崂山南面的海岸。"猎人回家后,把这件事告诉了太守李嶷。李嶷素来敬信佛教,忽然听到有僧人从远方归来,便亲自迎接慰问。法显就跟随李嶷而去。

法显后来到了荆州,在辛寺去世,享年八十二岁。人们都悲伤不已。他西行所见的各地风俗,另有专门的传记记载。

【义理揭示】

　　法显和唐代的玄奘法师一样，都是以大无畏的精神，为佛法而忘身，冒九死一生的艰险，为求真理而百折不挠。他们为灿烂的东方文化增添了异彩，为佛教的发扬光大建立了不朽的功勋。这种为了真理的探求、信仰的传播和文化的融合而舍生忘死的精神，是中华文化日益繁荣、丰富的重要推动力。

　　正如鲁迅先生所说："我们自古以来，就有埋头苦干的人，有拼命硬干的人，有为民请命的人，有舍身求法的人……虽是等于为帝王将相作家谱的所谓'正史'，也往往掩不住他们的光耀，这就是中国的脊梁。"

七　鸠摩罗什译经

【原文选读】

　　自大法东被[1]，始于汉明[2]，涉历魏晋，经论渐多。而支竺[3]所出，多滞文格义[4]。兴[5]少崇三宝[6]，锐志讲集[7]。什既至止，仍请入西明阁及逍遥园，译出众经。什既率[8]多谙诵，无不究尽。转能汉言，音译流便[9]。既览旧经，义多纰缪[10]，皆由先译失旨，不与梵本相应。于是兴使沙门僧䂮、僧迁、法钦、道流、道恒、道标、僧叡、僧肇等八百余人，谘受什旨，更令出大品[11]。什持梵本，兴执旧经以相雠校[12]。其新文异旧者，义皆圆通，众心惬伏[13]，莫不欣赞。

　　什雅好大乘[14]，志存敷广[15]，常叹曰："吾若着笔作大乘阿毗昙[16]，非迦旃延子[17]比也。今在秦地，深识者寡，折翮[18]于此，将何

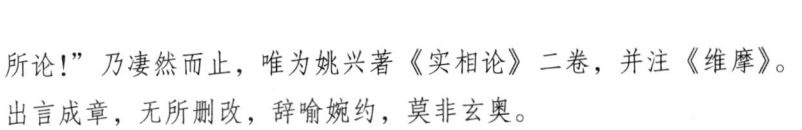

所论!"乃凄然而止,唯为姚兴著《实相论》二卷,并注《维摩》。出言成章,无所删改,辞喻婉约,莫非玄奥。

什末终日,少觉四大[19]不愈,乃口出三番神咒,令外国弟子诵之以自救。未及致力,转觉危殆。于是力疾[20]与众僧告别曰:"因法相遇,殊未尽伊心,方复后世,恻怆何言。自以闇昧[21],谬充传译。凡所出经论三百余卷,唯《十诵》一部,未及删烦。存其本旨,必无差失。愿凡所宣译,传流后世,咸共弘通[22]。今于众前发诚实誓:若所传无谬者,当使焚身之后,舌不燋烂[23]。"

以伪秦弘始十一年八月二十日,卒于长安。是岁,晋义熙五年也。即于逍遥园依外国法以火焚尸。薪灭形碎,唯舌不灰。

(选自梁·释慧皎《高僧传》卷二,有删节)

注释:

①大法东被:佛法传播到中国。大法,指佛法。被,到,延及。

②汉明:指东汉明帝,公元57年至75年在位。

③支竺:指东晋高僧支遁和竺潜。

④滞文格义:语言滞涩,不能准确传达经义。格,阻碍,隔阂。

⑤兴:指后秦皇帝姚兴,公元394至416年在位。后秦弘始三年(401),姚兴攻灭后凉,亲迎鸠摩罗什入长安,组织了大规模的翻译佛经事业。

⑥三宝:指佛教。佛教中,称"佛、法、僧"为三宝。

⑦讲集:讲经说法的集会。

⑧率:大多,大都。

⑨流便:文笔流畅,不滞涩。

⑩纰缪(pī miù):差错,谬误。

⑪谘受什旨,更令出大品:向鸠摩罗什咨询佛法要义,让他们翻译出佛经详本。谘,通"咨"。旨,意思,意义。大品,指佛经之全本或详本,节略本

称"小品"。

⑫雠校（chóu jiào）：校对文字。

⑬惬（qiè）伏：心悦诚服。惬，快意，满足。

⑭雅好大乘：一向倾心于大乘佛教。雅，一向，平素。

⑮敷广：传播普及。敷，通"溥"，普及，散布。

⑯阿毗（pí）昙（tán）：指佛教经、律、论三藏中的论藏，是佛教高僧大德对佛经的理解和阐释。

⑰迦旃延子：迦旃延，又译为迦多衍那，释迦牟尼十大弟子之一，称为"论议第一"。子，尊称。

⑱折翮（hé）：鸟折断翅膀。

⑲四大：佛教称地、火、水、风为四大，一切物体皆为四大所造，人身亦由四大构成。

⑳力疾：勉强支撑病体。

㉑闇（àn）昧：蒙昧愚陋。闇，通"暗"。

㉒弘通：弘扬流通。

㉓燋烂：烧焦糜烂。燋，通"焦"。

【文意疏通】

佛教自东汉明帝时传入中国，历经魏晋诸朝，汉译的经典渐渐增多。但是支遁、竺潜等高僧翻译的作品多不流畅，与原来的梵本有所偏差。后秦皇帝姚兴从年轻时就崇尚佛法，有志于宣扬佛教。自从他打败后凉后，就把羁留在那里的鸠摩罗什迎接到长安，安置在西明阁和逍遥园，让僧䂮、僧迁、法钦、道流、道恒、道标、僧叡、僧肇等八百多人跟着他翻译各种佛教经典，并且要翻译出详细版本来，遇到疑难问题，就去请教他。姚兴有时还亲自参与译经事业，鸠摩罗什手持梵语经书，姚兴手持旧译佛经，一起辨析校对。

鸠摩罗什本来就对很多佛经极为熟悉，大多可以随口背诵，羁留后凉十七年，又让他熟悉了中土民情，对中土语言文字也能运用自如，因此，他所翻译的佛经，自然生动而又契合妙义，与旧译大不相同，众人无不心悦诚服，成为佛经翻译史上的里程碑。

鸠摩罗什一向倾心于大乘佛法，志在阐发大乘经义，弘扬佛法，但在当时的情况下，他感到最重要的工作还是应该首先将佛经介绍到中国来，因此他常常叹息道："我如果动笔阐释大乘佛典，就连佛祖十大弟子中以论议阐发见长的迦旃延也未必赶得上我。但是如今中国具有深知远识的人还很少，恐怕很难获得共鸣。我在此地，好像折断羽翼的飞鸟，还作什么论著呢！"于是凄然作罢，仅仅给姚兴著作了两卷《实相论》，另外还注释了《维摩诘经》。这两部著作出言成章，无可改动，语言含蓄简洁，精要地阐发了佛经玄妙深奥的义理。

在生命将尽的日子里，鸠摩罗什渐觉身体四大不调，自知寿数已尽，但还希望继续译经弘法，便为自己持咒三遍，让外国弟子共同诵念，然而已经回天乏术了。圆寂之前，鸠摩罗什强撑病体向众僧告别说："我们因佛法相逢，然而我还没有实现心愿，就要离去，悲伤岂可言喻！我自认为愚昧浅陋，却有幸能够充当翻译传播佛经的重任，共译出三百多卷佛经，只有《十诵律》一部尚未审定。我译经的宗旨是保存佛经的本意，一定做到没有错误。我希望所有翻译的经典，能够流传于后世，并发扬光大。如今我在大众面前，发诚实誓愿：如果我所传译的佛经没有错误，那么我的身体火化之后，舌头不会焦烂。"

后秦姚兴弘始十一年八月二十日，即东晋安帝义熙五年（413），鸠摩罗什在长安圆寂，他的遗体按照印度葬法在逍遥园火化。当灰飞烟灭后，人们惊奇地发现，正如他誓言所愿，他的形骸已化为灰烬，但他的舌头依然粉红如生。

【义理揭示】

鸠摩罗什是天竺人，在佛法传布的过程中，他是当时的统治者积极迎入以传译佛法的杰出人才，他的译笔忠于原文，圆通流畅，典雅质朴，并纠正了四百年来他人译经之误，成为后世流传最广的佛教经典，在佛教史上具有划时代的意义。他居住在长安十二年，在弟子的帮助下译经三十五部二百九十四卷。

可以说，正是有了像鸠摩罗什这样的译经家，才使得佛教在中国得到更为广泛的传播，在中华文化强大的包容力和同化力的作用下，形成了汉传佛教，为中华文化的繁荣和丰富注入了新的元素。

八 刘勰与《文心雕龙》

【原文选读】

刘勰，字彦和，东莞莒人。祖灵真，宋司空①秀之弟也。父尚，越骑校尉。勰早孤，笃志②好学。家贫不婚娶，依沙门③僧祐，与之居处，积十余年，遂博通经论④。因区别部类，录而序之。今定林寺经藏，勰所定也。

天监初，起家奉朝请⑤。中军临川王宏引⑥兼记室，迁车骑仓曹参军。出为太末令，政有清绩。除仁威南康王记室，兼东宫⑦通事舍人。时七庙飨荐⑧，已用蔬果，而二郊⑨农社，犹有牺牲；勰乃表⑩言二郊宜与七庙同改。诏付尚书议，依勰所陈。迁步兵校尉，兼舍人如故。昭明太子⑪好文学,深爱接之。

初,勰撰《文心雕龙》五十篇,论古今文体,引而次之。其序曰:"夫文心者,言为文之用心也。……"既成,未为时流所称。勰欲取定于沈约⑫。约时贵盛,无由自达,乃负其书候约出,干⑬之于车前,状若货鬻者⑭。约便命取读,大重之,谓为深得文理,常陈诸几案。

然勰为文长于佛理,京师寺塔及名僧碑志,必请勰制文。有敕与慧震沙门于定林寺撰经,证功毕,遂乞求出家,先燔⑮鬓发以自誓,敕⑯许之。乃于寺变服,改名慧地。未期⑰而卒。文集行于世。

(选自《〈文心雕龙〉译注·梁书刘勰传》)

注释:

①司空:官职名,在不同朝代其职责有异。

②笃志:专心致志。笃,专一。

③沙门:佛教徒的统称。

④经论:佛教典籍分为经藏、律藏、论藏,合称三藏,"经论"指其中的经藏与论藏。

⑤奉朝请:官名。

⑥引:引荐。

⑦东宫:指太子,古代太子居东宫。

⑧七庙飨荐:祭祀祖先时供奉的祭品。七庙,古代帝王供奉祖先的祠庙。飨,通"享"。荐,祭奠。

⑨二郊:古代帝王在郊外举行祭祀天地的仪式。

⑩表:上表,给皇帝上奏章。

⑪昭明太子:南朝梁代文学家萧统,立为太子,未即位而英年早逝,谥号"昭明",主持编撰《文选》,又称《昭明文选》,是中国现存最早的一部诗文

总集。

⑫沈约：南朝史学家、文学家。

⑬干：求取。

⑭货鬻者：卖东西的人。鬻（yù），卖。

⑮燔（fán）：焚烧。

⑯敕（chì）：帝王的命令。

⑰期（jī）：满一年。

【文意疏通】

刘勰，字彦和，东莞郡莒邑人。祖父刘灵真，是南朝宋代的司空刘秀的弟弟。父亲刘尚，曾任越骑校尉。刘勰早年丧父，志向专一，勤奋好学。家里贫困，没有娶亲，依附出家人僧祐，和他一起生活达十多年，终于广通各种佛教经典。于是就将当时的佛教典籍分门别类，逐一抄写并按序排列。现在定林寺的经藏，就是刘勰确定下来的。

天监初，刘勰最先担任奉朝请。当时临川的王宏担任中军，举荐刘勰兼任记事。后来又先后历任车骑仓曹参军、太末县令、仁威南康王的记室兼太子宫通事舍人。当时帝王祭祀祖先，已经用蔬菜果实，但祭天地和社稷神，还用牲畜，刘勰就给皇帝上奏章说，应该把祭天地、社稷神的祭品改成与供奉祖先的祭品一样。皇上下令让尚书们研究讨论，后来就依照刘勰的意见去做了。他逐步升迁，担任步兵校尉，仍然兼任舍人。当时昭明太子爱好文献典籍之学，因此很愿意和他交往。

先前刘勰撰写了《文心雕龙》，共五十篇，评论古今的文体，作了序并认真编排。序中说："'文心'说的是行文的用心。……"

完成以后，这本书却没有被当时的名流所认可。刘勰想在沈约那儿得到确认。沈约当时名位显贵，刘勰无法和他建立关系，就带着《文心雕龙》这本书稿，等待沈约出来时，到车前求他看一看，像是卖东西的样子。沈约就命人把那本书拿了过来。沈约读后，认为深得文理，于是便很重视它，把它放在几案上经常翻看。

然而刘勰作文擅长佛理，京城的寺塔和名僧的碑文，一定请刘勰写。皇上曾经让他和出家人慧震一起在定林寺编撰佛经，他功德圆满之后，便禀告请求出家，先烧去头发用以表明志向，皇上下谕应允了他。于是他在寺里更换服装，改名慧地。不满一年刘勰就去世了。文集流传于世。

【义理揭示】

刘勰著作《文心雕龙》，在中国历史上，其意义十分巨大。

从历史的角度来看，经历了从先秦直至魏晋的儒道之争、子学、经学直至玄学的嬗变，再加上佛学思想的催化，至刘勰而写出《文心雕龙》，这从某种意义上可以看作是多元思想交汇、诸家学说融合的结果。

从文化的角度来看，《文心雕龙》体大思精，与此前千余年来的文化积淀，尤其是两汉经学与魏晋玄学的学术积累和思辨传统密切相关。而佛学的深思冥想和体系建构，也对它产生了重大影响，虽然其文学立场基本上还是儒家。

九 新诗和到是明年

【原文选读】

尹文端①公好和韵②,尤好叠韵。每与人角胜③,多多益善。

庚辰十月,为勾当④公事,与嘉兴钱香树⑤尚书相遇苏州,和诗至十余次。一时材官傔从⑥,为送两家诗,至于马疲人倦。尚书还嘉禾⑦,而尹公又追寄一首,挑之于吴江。尚书覆札云:"岁事匆匆,实不能再和矣。愿公遍告同人,说香树老子,战败于吴江道上。何如?"适枚过苏,见此札,遂献七律一章,第五六云:"秋容老圃无衰色,诗律吴江有败兵。"

公喜。从此又与枚叠和不休。……己卯八月,枚江北获稻归,饮于公所。酒毕,与诸公子夜谈。公从后堂札示云:"山人在外初回,家姬必多相忆。盍⑧早归乎?"余题札后云:"夜深手札出深闺,劝我新归应早回。自笑公门懒桃李,五更结子要风催。"

除夕,公赐食物。枚以诗谢,末首云:"知公得韵便传笺⑨,倚马才高不让先。今日教公输一着⑩,新诗和到是明年。"公见之,大笑。

(选自袁枚《随园诗话》)

注释:

①尹文端:满洲镶黄旗人,字元长,号望山,谥文端,历任云南、川陕、两江总督,文华殿大学士兼翰林院掌院学士,协理河务,参赞军务。

②和韵:与人唱和时,依照其诗所押的韵作诗。

③角(jué)胜:较量胜负。角,较量。

④勾当：办理，处理。

⑤钱香树：即钱陈群，浙江嘉兴人，清康熙至乾隆朝大臣。字主敬，号香树，谥文端。

⑥材官傔（qiàn）从：材官，古代供差遣的低级武官。傔从，侍从、仆役。

⑦嘉禾：即嘉兴。

⑧盍：何不。

⑨传笺（jiān）：传送诗作。笺，古时用以题咏或写信的小幅华贵纸张，这里指写在短笺上的诗作。

⑩着（zhāo）：回合。

【文意疏通】

尹继善极爱和韵作诗，尤其喜欢用叠韵，每次与人作诗争胜，总是越多越好。

庚辰十月，因为处理一件公事，尹公同嘉兴的钱香树尚书在苏州相遇，和诗酬唱竟达十几次。一时间属官仆从，为了来来回回给两家传送诗歌，竟至于累得人倦马乏。在钱尚书返回嘉兴的路上，行至吴江，尹公又派人追寄一首诗进行挑战。尚书回信道："今年事情颇多，实在不能够再跟您和诗了。希望您能遍告众诗友，就说香树这老头子，在吴江道上输得一败涂地。您看这怎么样？"那时恰好我路过苏州，看了这封信，便吟成七律诗一首，其中第五、六句是这样写的："古老破旧的菜园子在秋日里，尚且没有衰败凋零的气息，而在吴江道上，作诗酬唱却出现残兵败将。"

尹公非常高兴，从此便和我纠缠不休，往来和诗吟唱。……己卯八月，我到江北收稻子回来，在尹公家里饮酒。酒足饭饱后，与诸公子深夜长谈，尹公从后堂传出来一张纸条，上面写道："你从

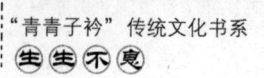

外面刚刚回来,家里妻妾一定很是思念,为什么不早一点回去呢?"我提笔在纸条后面写诗道:"深夜从深闺中传出纸条,劝我从外初归应该早一点回家去,暗自好笑您家的桃李,五更结子竟需要风来相催。"

大年除夕,尹公赐予我食物。我写了诗相谢,最末一首是这样写的:"知道有人一旦写诗给您,您就一定依韵和诗,并且援笔立就,倚马可待,仗着自己才高毫不相让。今天且让您输这么一着,要想和诗,只有等到明年了。"尹公看了,大笑。

【义理揭示】

故事中的尹继善是满洲人,身为朝廷要员、封疆大吏,却对吟诗和韵之事如此痴迷,可见诗歌对他的吸引力是多么巨大。

应该说,以音韵为形、意蕴为质、境界为魂的中国古代诗歌,是中华文化中的瑰宝,基本代表了中华语言文化的最高形式。一个异质文化持有者在这方面的欣赏造诣和创作水平,标志着他对它所代表的文化形态的浸润深度和同化程度。

作为一个满洲文化持有者,尹继善的故事,从一个侧面证明了中华文化在各兄弟民族文化融合、交汇的过程中所表现出的强大的统整力。

十 容闳之志

【原文选读】

予既远涉重洋,身受文明之教育,且以辛勤刻苦,幸遂[①]予求学之志,虽未能事事如愿以偿,然律②以普通教育之资格,予固大可自命为已受教育之人矣。既自命为已受教育之人,则当日夕图维③,以冀生平所学,得以见诸实用。此种观念,予无时不耿耿于心。盖当第四学年中尚未毕业时,已预计将来应行之事,规画大略于胸中矣。

予意以为,予之一身既受此文明之教育,则当使后予之人,亦享此同等之利益。以西方之学术,灌输于中国,使中国日趋于文明富强之境。予后来之事业,盖皆以此为标准,专心致志以为之。溯自一八五四年予毕业之时,以至一八七二年中国有第一批留学生之派遣,则此志愿之成熟时也。

(选自清·容闳《西学东渐记》。原系英文写就,
题为 My Life in China and America,恽铁樵、徐凤石译)

注释:

①遂:完成,实现。

②律:衡量。

③图维:谋划,考虑。维,思考。

【文意疏通】

容闳(1828—1912)是中国近代早期改良主义者,清咸丰四年(1854)毕业于耶鲁大学,是中国近代史上首位留学美国的学生,被誉为"中国留学生之父"。面对美国的强盛和清朝的落后,他热切盼望中国青年能够走出国门,放眼世界,学习近代西方文明,"汲西方文明之学术以改良东方之文化",练就技术和本领,使中国可以"一变为少年新中国"。这一志向和追求,在其英文著作《西学东渐记》中有清晰的表述：

　　我远涉重洋，接受了西方文明的熏陶和教育，因为能够刻苦勤奋地学习，有幸实现了自己求学的志愿，虽然未必能够事事如愿以偿，但是假如用普通教育资格来衡量的话，我当然可以自命为已经接受过教育的人了。既然自认为是一个接受过教育的人，那么就应当用心思考谋划一番，力争让自己生平所学到的本领，能够付诸实践，发挥实效。这种想法，我无时无刻不牢记在心。现在想起来，大概在耶鲁大学读书的第四学年上，当时我还没有毕业，就已经开始思考将来应该做的事情了，心中已经有了一个大致的规划。

　　我认为，我自己既然已经接受了西方文明的教育，就应当让继我之后的人，也能够享受到同样的机会。把西方的文明成果和学术思想，引进到中国来，使中国逐渐走向文明，走向富强。我后来从事的事业，都是以此为核心，并专心致志地去做，目的就是为了实现这一理想。从1854年我大学毕业时确立这一志向开始算起，直到1872年中国终于派出了第一批留学生，我的志愿也算是有成果了。

【义理揭示】

　　在今天的中国，已经很少有人知道容闳这位默默为中国留学事业开创道路的先驱人物。然而，纵观历史，容闳一生的作为对日后中国社会变化的影响之深远，是中国近代史上只有少数几个人能够真正相比的。

　　容闳，可以说是中国的哥伦布，他不但"发现"了美洲，使中国人第一次能以既不是傲慢无知也不是自卑恐惧的心态来看"中央帝国"之外的世界；而且，他还为中国人的精神世界找到了一片"新大陆"，使人们终于有可能在中国文化传统之外看到另一种人类思想的闪光。

文化倾听

历史上，不同地域、不同生存背景的族群，在长期的发展过程中形成了不同的文明形态。文明总是在不断冲突中浴火而生，淬炼成型，经过长时间的积淀，沉入到每一个文化共同体成员心灵深处，成为其文化符码和心理结构，这样就构成了文化。文化是一个民族存在的根据，一个民族有一个民族的文化。一个民族的进步，离不开对各种文明的吸纳和交流。孤立的文化系统是一个缺乏生命力的静态系统；断绝与其他各种文明类型进行信息交流的民族是一个缺少生机与活力的民族。中国传统文化正是在各种文明类型的冲突与融合中走向浑厚壮大的。

中国文化是融合了多种文明类型的文化。这一特点，不仅表现在中华文化绵延发展的历史进程中，即便是从其源头来看，也能够看得出来。就地域来说，有黄河流域文明，有长江流域文明，有草原游牧文明，有森林渔猎文明等，而每一种文明形态都有其鲜明的文明气质；就思想类型来看，有儒、墨、道、法等诸子百家思想文化。到汉代以后，从印度传入了佛家文化，并很快本土化，成为中华传统文化的有机组成部分。不管是不同地域的文明，还是不同类型的思想，它们并不是孤立存在、单向发展的，而是一直处在不断交融、互补的过程中，相互制约，彼此促进，从而形成了一种多元共生、百花齐放，同时又具有内在和谐关系的圆融结构。

实际上，任何一种文明类型，都不可能是完美无缺的，正是在不断融合的过程中，实现了互补共进。中国文化历史悠久、博大精深，在其发展过程中不断融合与吸收各种文明类型，从而形成骨肉丰盈的文化形态。例如，中原农耕文明具有文雅从容、趋于内向的特点，草原游牧文明具有粗犷简约、趋于外向的特点。经过不断地融合，农耕文明吸取游牧文明的长处，游牧文明也接纳农耕文明的成果，经过政治、军事、经济、文化艺术等多层面的交流沟通，最终趋向融合统一。本章中的《赵武灵王胡服骑射》《新诗和到是明年》等故事所揭示的不同文明形态的交流，并不仅仅停留在器物服饰、文学艺术层面，在更深层面上，隐含着游牧文明、渔猎文明和农耕文明在冲突融合过程中的对彼此文化成果的认同和接纳。

　　思想文化也是这样。儒家崇尚入世有为，道家主张遁世无为，法家主张霸世力为。以《诗经》为代表的黄河文明温柔敦厚，以《楚辞》为代表的长江文明浪漫瑰奇。在最初的历史时期内，两者各成一脉，独立发展，各具特色。随着南北文化大规模的交流与融合，以及百家思想的争鸣交锋，在各种历史力量的共同作用下，各种思想文化、各种地域文明不断融合，共同发展，形成了中华思想文化特质鲜明而又丰富多元的面貌。例如汉武帝罢黜百家，独尊儒术，董仲舒将各方文化杂糅而成为新儒家，南北文化在交融里，诞生了新的机体；魏晋南北朝时期，外来的佛教和中国土生土长的道教逐渐渗透进中国文化的根里，儒家将佛教和道教的宗教理论与哲学思想选择性地加以扬弃，形成了中国文化中的宋明理学，儒家文化在创新和改造里获得了新的生机。近现代，中国又放眼世界，向西方积极学习政治、科学、技术等文明成果，融入了现代化的历史潮流中。本章编选《儒道互补》《汉家自有制度》《法显求法》《鸠摩罗什译经》《容闳之志》，意图就在于传达中华义化这一融合的过程。

回顾中华民族发展的历程,我们会发现,历史上中华各民族之间既有兄友弟恭、和平安乐的和谐局面,又有刀戈相向、征战不断的混乱局面。但是有一点不能否认,那就是中华民族是一个各兄弟民族共同组成的文化共同体。虽然历史上有分离乃至反目的时候,但是各民族在根本利益上的一致性,是在统一的多民族中国发展与演变的几千年历史中自然形成并客观存在的。只不过由于受历史的局限,在没有外部对立物的情况之下,这种一致性经常不能成为各民族的自觉认识,各民族间的隔阂掩盖了相互间根本利益的一致。《明犯强汉者,虽远必诛》,呈现了中华各兄弟民族在冲突中实现融合的努力。

文化传递

随着我国经济的长足发展与国家实力的日益壮大,在与世界展开对话的过程中,自然出现了辨识自我文化身份的需要,于是从20世纪90年代起出现了"国学热"。但是究竟什么是"国学",至今还有很多模糊认识。著名东方学文化大师季羡林先生的观点,对于我们如何正确认识"国学",颇有启发意义。

季羡林先生认为,国学中的"国"就是中国,"国学"就是中国的学问,传统文化就是国学。既然这样,那么国学就应该是"大国学"的范围,不是狭义的国学。因为我国是一个多民族国家,不同地域、不同民族都有各自的地域文化和民族文化,它们虽然表现形式不同,但又共同构成"中国文化"这一文化共同体,所以就应该都包括在"国学"的范围之内。

季羡林先生是山东人,他以齐文化和鲁文化为例,阐述了它的观点。他说,齐文化和鲁文化虽然都在山东一带,但也不一样。"孝悌忠信"是鲁文化,"礼义廉耻"是齐文化。也就是说,鲁文化着重讲内心,讲内在;齐文化是讲外在的,约束人的东西多。"孝悌忠信"是个人伦理的修养,"礼义廉耻"就必须用法律来规定,用法律来约束了。鲁国农业发达,鲁国人就很本分地在务农;齐国商业化,因为它靠海,所以姜太公到齐国就以商业来治国。具体的例子,如"刻舟求剑",这种提法就是沿海文化的;而"日出而作,日落而息",恐怕就代表鲁文化了。齐鲁文化互补,是中国传统文化的重要组成部分。

同一地区尚有不同的文化类型,那么更为广大的地域差异,其文化差别就更明显了,但它们都属于"国学"的范畴。比如过去光讲黄河是中国文化的中心,其实长江文化以及其他地域文化,都应该包括在国学里边。敦煌学也包括在国学里边。

季羡林先生还从文化交流的角度阐述了他的"大国学"观。他认为,文化交流有两种形式:一个是输出的,一个是进来的。敦煌是进来的代表,很多文明程度很高的国家文化:都到过敦煌。佛教从国外进来,经过很长时间的演变,形成了具有中国特色的中国佛教。敦煌里边有很多内容是佛教的,也有其他文化的,是古代中国吸收外来文化的最后一站,再往下就没了。

按照季羡林先生的观点,吐火罗文的《弥勒会见记》剧本,也应该算是国学的范畴,因为吐火罗文最早是在中国新疆发现的。

从历史的眼光来看,"国学"的内涵和外延应该是持续发展的。因为历史总是不断地发展,文化还会不断地融入,这是没有时间界限的。以前认为儒家、道家是传统文化，其实佛家也是传统文化，如果把佛家排除在外，显然是不对的。

季羡林先生的"大国学"观，极大地开阔了"国学"的传统视野，充分体现了中华文化的多元和包容的特点。而我们现在的国学研究还很粗糙，很多应该包括的内容还没有被挖掘出来。在"大国学观"视野中，"国学"就不再局限于汉族文化，而是中国所有的民族都有一份。中国文化是中国56个民族共同创造的，这56个民族创造的文化都属于国学的范围，而且后来融入到中国文化的外来文化，也都属于国学的范围。

文化感悟

1. 本单元的十则文化故事，分别从思想、学术、地域、民族等不同角度，呈现了中国文化在历史发展过程中不断融合、发展的某一个阶段。但由于篇幅的限制，每一个侧面都只能"弱水三千，仅取一瓢"。请选择一个你比较感兴趣的角度，再找一些文化故事来加深对中华文化融合的理解。

2. 在当前时代背景下，如何在明晰自身文化身份的前提下，加强与世界各地文化的交流，学习世界各地域和民族文明发展的成果，是一个值得思考的问题。对于这一问题，你有什么想法？根据观点的不同，组成不同小组，在班级里开展一次辩论会。